U0935738

知识产权大家谈

知识产权出版社有限责任公司　组织编写
主编 王之娟

知识产权出版社
全国百佳图书出版单位
—北京—

图书在版编目（CIP）数据

知识产权大家谈 / 知识产权出版社有限责任公司组织编写；王之娟主编 . -- 北京：知识产权出版社，2025. 8. --ISBN 978-7-5130-9709-3

Ⅰ. D923.4-49

中国国家版本馆 CIP 数据核字第 2025SP7446 号

内容提要

本书集合了知识产权网《IP 大咖说》栏目组从 2017—2024 年专访知识产权行业不同领域专家的 50 篇珍贵访谈资料。从知识产权强国建设，知识产权与企业发展，知识产权运用与保护，专利权的处置与运用，知识产权服务，商标与著作权保护，著作权、商业秘密、反不正当竞争与其他知识产权 7 个方面对访谈内容进行梳理分类。摘编访谈精彩内容，采用扫码观看访谈视频、图文的多媒体方式，是知识产权网运用新媒体与传统纸媒融合传播的创新与探索。

本书适合知识产权学研究者、从业者阅读。

责任编辑：高　源　　　　**责任印制**：孙婷婷

执行编辑：肖　寒

知识产权大家谈

ZHISHI CHANQUAN DAJIA TAN

知识产权出版社有限责任公司　组织编写

主编　王之娟

出版发行：知识产权出版社有限责任公司	网　址：http：//www.ipph.cn
电　话：010-82004826	http：//www.laichushu.com
社　址：北京市海淀区气象路50号院	邮　编：100081
责编电话：010-82000860转8707	责编邮箱：laichushu@cnipr.com
发行电话：010-82000860转8101	发行传真：010-82000893
印　刷：北京中献拓方科技发展有限公司	经　销：新华书店、各大网上书店及相关专业书店
开　本：880mm × 1230mm　1/32	印　张：9.125
版　次：2025年8月第1版	印　次：2025年8月第1次印刷
字　数：200千字	定　价：68.00元

ISBN 978-7-5130-9709-3

编写委员会

主　编：王之娟

副主编：宫海生

编　辑：范　蓉　王　雪　戚　硕

　　　　韩　虹　刘　喆　高山峰

　　　　王　潇　岳　端

编写说明

习近平总书记在主持中央政治局第二十五次集体学习时指出:“创新是引领发展的第一动力,保护知识产权就是保护创新”。知识产权与创新的协同已成为推动新质生产力发展的关键动力。知识产权网《IP大咖说》栏目组积极响应号召,不断开拓创新,精心策划出版知识产权行业访谈类图书《知识产权大家谈》。

本书由《IP大咖说》栏目的访谈内容摘编而得,该栏目旨在聚焦行业热点,对话行业研究机构、高等院校、知名企业与知识产权法院等领域的专家、学者,传播知识产权领域最前沿、最权威的知识。书中内容集合了栏目组从2017—2024年专访知识产权行业不同领域专家的50篇珍贵访谈资料。摘编访谈精彩内容,采用扫码观看访谈视频、图文的多媒体方式,是知识产权网运用新媒体与传统纸媒融合传播的创新与探索。

本书从知识产权强国建设、知识产权与企业发展、知识产权运用与保护、专利权的处置与运用、商标及著作权保护等方面对访谈内容进行梳理分类,结合“奋力开启知识产权强国建设新征程——解读《知识产权强国建设纲要(2021—2035年)》”“《中华人民共和国专利法》修改热点问题解读”“创新管理赋能企业创新和可持续发展”“知识产权保护与反垄断问题”“加强地标保护运用,培育高质量国际地标人才”等热点话题,知识产权高价值信息有效传播利用、知识产权法律制度愈发为人熟知、知识产权保护意识日益增强、知识产权文化理念深入人心等方面尽绵薄之力。

本书所选内容的访谈时间跨度较长，且知识产权领域的发展日新月异，一些嘉宾的观点及结论不一定具有针对性，请读者见谅。本书见证了《IP 大咖说》栏目组求真求实、求新求变的追求，见证了团队成员的辛勤付出与努力。在本书编写过程中，公司各级领导给予不同程度的重要指导，各位嘉宾在书稿内容、数据核实、图片素材上提供极大帮助，图书编辑在内容筛选、编写上给予专业指导和技术支持。在此，谨向所有参与本书出版工作的人致以衷心的感谢。

本书编写组

2025 年 5 月

序一

问书哪得谈如许？为有源头活水来。《知识产权大家谈》一书的内容源自知识产权网精心设计、匠心运作的《IP 大咖说》栏目。数年磨一剑，精彩不寻常。本书从《IP 大咖说》栏目中萃取了从 2017 年到 2024 年对 50 余位知识产权专家的一系列采访实录之核心内容。

有幸我是这 50 余位被采访者之一。还记得以“知识产权与时代同行”为主题的第十届中国知识产权年会于 2019 年 9 月初在钱塘江畔的杭州国际博览中心举办，我也应邀与会。报到日下午，我刚入住酒店，王之娟老师便打电话邀约。半小时许，她就带领《IP 大咖说》栏目组一行并带着采访摄影的“长枪短炮”来到了客房，随即开始了采访。记得当时拟定的采访主题是“知识产权与时代同行”，由此围绕我国知识产权发展的历史阶段、当前知识产权的热点问题、我国知识产权人才培养三个方面，我们深入交流了近两个小时，其间《IP 大咖说》栏目组成员的专业精神与职业素养给我留下了深刻的印象。采访结束后，我们还闲聊了几句。王老师说，栏目的宗旨就是要通过一系列采访的“知识产权大咖”现身说法的方式与路径，宣传知识产权、传播知识产权、普及知识产权、交流知识产权，藉以提升与增强全社会的知识产权意识。

而从《IP 大咖说》栏目衍生到《知识产权大家谈》一书，又是一项有意义的可持续工程，也是一次进一步的全方位集成。一方面，将原来对50余位知识产权专家的全面访谈资料浓缩成为相应摘编，画龙点睛。另一方面，辅以多媒体手段，可扫码观看视频图文等，烘云托月。同时，将50篇访谈摘编又归纳为“知识产权强国建设、知识产权与企业发展、知识产权运用与保护、专利权的处置与运用、知识产权服务及商标、地标与集成电路领域”等七个部分，分门别类。这样既有利于进行相应知识产权内容的普及宣传，又有助于加强知识产权相关主题的交流讨论。书名《知识产权大家谈》也具有双重意蕴，既是诸多知识产权专家，如易继明、曹新明、张平、管育鹰等教授、学者的专业研究纵横谈，又是杨旭日、宋鱼水、马天旗、杨安进、姚兵兵、刘化冰等行业专家的践行经验录。《知识产权大家谈》既是方方面面知识产权专家行家的研究成果之谈和实践经验之谈，又是自然引发各行各业知识产权相关公众的相互交流之谈和普及共进之谈。知识产权大家谈就是理论当论理，实务更务实，专家谈起头，大家一起谈。

欣看《IP大咖说》栏目的春蚕破茧成蝶化为了《知识产权大家谈》一书，宛如彩蝶，翩翩而舞；喜读知识产权网精心培育的《知识产权大家谈》开枝散叶，开花结果。愿聚焦热点、对话专家、传播知识产权、推进智慧事业的《知识产权大家谈》一书，春种秋收，春华秋实，厚积薄发，果满天下。

陶鑫良

2025年4月

序二

创新是引领发展的第一动力，知识产权不仅是创新精神的法律护符，而且是推动社会进步与经济发展的强大引擎。大力激发全社会创新活力，建设中国特色、世界水平的知识产权强国，对提升国家核心竞争力，扩大高水平对外开放，实现更高质量、更有效率、更加公平、更可持续、更为安全的发展，满足人民日益增长的美好生活需要，具有重要意义。

《知识产权大家谈》一书结集行业专家对知识产权的分享与解读，希望与读者共同探索知识产权的深邃与广阔，点燃公众对知识产权的热情，使其加入发明、创造、保护知识产权的队伍，为我国的知识产权强国建设贡献力量。

本书汇聚了来自知识产权学术界、法律界、科技界、企业界等知识产权不同领域专家、学者及实践者的 50 篇访谈内容，他们以独特的视角、深邃的见解和丰富的案例，围绕“知识产权强国建设”“知识产权与企业发展”“知识产权运用与保护”“专利权的处置与运用”“商标、地标与集成电路领域”等核心主题展开了广泛而深入的讨论。这不仅是一场思想的盛宴，而且是一次心灵的碰撞，让读者在字里行间感受到知识产权的力量与魅力。

在“知识产权强国建设”一章中，知识产权行业专家、学者、法官见证了我国知识产权的发展与变迁，他们是行业标准的制定者、解读者及推动者，以智慧为笔、以勤奋为墨，绘出一幅幅令人瞩目的知识产权蓝图，用自己的行动助力我国知识产权强国建设。

在“知识产权与企业发展”一章，科研专家、企业代表、发明人见证了企业在创造、运用、保护、管理和服务全产业链服务流程中的发展。他们或是科研机构的精英，或是初创企业的掌舵人，或是独立发明人的代表，用自己的行动诠释了“创新是引领发展的第一动力”的深刻内涵。

“知识产权运用与保护”是知识产权领域永恒的主题。本书通过剖析国内外典型的知识产权侵权案例，揭示了侵权行为的危害性，强调了加强知识产权保护的重要性和紧迫性。同时，介绍了我国在知识产权保护方面所取得的显著成就和未来的发展方向，增强了读者对知识产权制度的信心。

“专利权的处置与运用”一章则揭示了专利如何成为企业转型升级、产业优化升级的重要推手。通过许可、转让、质押融资等多种方式，知识产权的价值得以充分释放，为企业带来了实实在在的经济效益，也为社会的可持续发展注入了强劲动力。

商标、地标与集成电路领域作为知识产权保护体系的重要组成部分，具有各自的特点和保护方式。书中不仅探讨了商标法的修改热点、地理标志的立法问题，还分析了企业“走出去”商标品牌保护战略、非常规商标保护及地理标志保护热点等。这既是对相关管理制度的理论解读，又是对商标、地理标志与集成电路领域的实务分析。

《知识产权大家谈》不仅是一本关于知识产权的书籍，而且是一本启迪智慧、激发创新热情的读物。它让我们深刻认识到，在全球化日益加深的今天，知识产权已经成为国家竞争力的核心要素之一。只有不断加强知识产权的创造、运用、保护、管理和服务能力，才能在全球竞争中立于不败之地。

让我们携手并进，在知识产权发展的征途上不断探索前行，共同创造更加美好的未来！

王之娟

2025 年 4 月

目 录

CONTENTS

一 知识产权强国建设

二 知识产权与企业发展

三 知识产权运用与保护

四 专利权的处置与运用

五 知识产权服务

六 商标与著作权保护

一、知识产权强国建设

01

奋力开启知识产权强国建设新征程——解读《知识产权强国建设纲要（2021—2035年）》

采访时间：2022年10月

编者按

2021年9月22日，中共中央、国务院印发《知识产权强国建设纲要（2021—2035年）》（以下简称《纲要》），旨在统筹推进知识产权强国建设，全面提升知识产权创造、运用、保护、管理和服务水平，充分发挥知识产权制度在社会主义现代化建设中的重要作用。《纲要》一经印发，在全国知识产权系统引发热烈反响，掀起学习热潮。

《IP大咖说》特别邀请到北京大学法学院教授，北京大学国际知识产权研究中心主任、国家知识产权战略实施（北京大学）研究基地主任易继明。请易教授为我们解读《纲要》颁布的背景及意义、知识产权强国建设的重要目标等相关问题。

采访摘编

《纲要》颁布的背景及意义

易继明在采访中介绍，《纲要》的颁布恰逢其时。一方面，2008年颁布的《国家知识产权战略纲要》到2020年实施结束，这个时候，中国知识产权的发展问题需要有新的战略引领。另一方面，中国现在步入了高质量建设的发展阶段。在这样的背景下，知识产权与经济社会的融合发展十分重要，因为只有融合了知识产权的发展，才是高质量且自主的发展。另外，在新的时期，国际形势纷繁复杂，我们面临着一些外部挑战。他们在高科技产品的产业供应链方面对我们实行“卡脖子”封锁。这时，我们正处在“爬坡”阶段，也需要知识产权的支撑。

《纲要》确立的两个阶段性目标及四项预期性指标

易继明表示，《纲要》是一项中长期规划。一方面，到2025年，知识产权强国建设初见成效。另一方面，到2035年，我国知识产权综合竞争力要步入世界强国之列。第一阶段到2025年，有四项具体指标，即专利密集型产业增加值占GDP比重达到13%、版权产业增加值占GDP比重达到7.5%、知识产权使用费年进出口总额达到3500亿元、每万人口高价值发明专利拥有量达到12件。此外，他提到品牌竞争力要有显著提高，这一指标也非常重要，特别是对我国这样的制造大国。如果我们拥有自主品牌，我们的制造所产生的附加值就会成倍增长，而不只是消耗原材料、廉价劳动力所产生的经济指标。品牌竞争力可以作为商标的一部分，从这一维度看，我国在专利、商标、版权三方面都有较大的作为空间。另外，对于知识产权使用费年进出口总额这一指标，有人会产生一些误解，认为即使知识产权进口的比重增加，也并不一定表明我们的强大。事实上，我国在增加输出的同时，也希望能与世界进行融合，实现进出口指标总体增长。因为只有知识产权深度介入国际贸易，我们的产品才有真正的竞争力。

《纲要》对知识产权保护工作部署的亮点举措

易继明表示，《纲要》贯彻了十八届中央政治局第二十五次集体学习，特别是习近平总书记的重要讲话精神。他认为，从宏观层面有三点值得重视。

第一，新时期知识产权保护工作得到充分加强，换句话说，即经过了知识产权强保护的政策实施阶段。习近平总书记曾强调，惩罚性赔偿五倍的金额并且赔偿要落地，强调了“保护知识产权就是保护创新”的基本理念，对具体的制度、体制、机制也有明确的指示。《纲要》对此进行了贯彻落实，即知识产权强保护政策开启后得到进一步落实，这是一大亮点。第二，习近平总书记在中央政治局第二十五次集体学习时的重要讲话中将知识产权保护工作提到了前所未有的高度。知识产权保护工作不仅关系到国家的现代化治理、高质量发展及人民的幸福，还关系到改革开放大局、国家安全。这就意味着知识产权工作关系到社会经济发展的各个方面，不仅是产业经济，还涉及文化、国家安全、对外开放等方面。因此，《纲要》中谈到了制度完善，我们要建立一个现代化的制度体系，建立一个完备、严格的知识产权保护体系，要有一个高效运行的创新机制、便捷利民的公共服务，并且要参与国际竞争，实现开放共赢，最后实现文化自觉。我们不只是为了功利去尊重知识产权，而是因为对创新、知识及公平竞争这些基础价值的尊重。第三，习近平总书记在第二十五次集体学习时的讲话中谈到国际合作问题，这一论述对新时代知识产权发展具有非常大的意义。该合作的要合作，该竞争的要公平竞争，必要的时候也要敢于“亮剑”。总体来讲，在知识产权强保护政策下，知识产权发展对国家具有重要意义。

嘉宾介绍

——知识产权领域权威学者，被誉为知识产权保护工作的领军人物，为知识产权事业发展作出了杰出贡献

易继明，北京大学法学院教授、北京大学国际知识产权研究中心主任、国家知识产权战略实施（北京大学）研究基地主任，兼任中国知识产权研究会副理事长、第五届国家知识产权专家咨询委员会委员、北京市文化娱乐法学会会长、中国民法学研究会常务理事等社会职务。

易继明教授于2002年获北京大学法学博士学位，2004年获中国社会科学院法学研究所博士后出站，曾留学美国哥伦比亚大学（2005—2006年），曾任中国社会科学院法学研究所研究员（2004—2006年）、华中科技大学法学院教授（2002—2011年）兼院长（2006—2011年），2011年调任北京大学法学院工作至今。

易继明教授长期从事私法一般理论、财产法、知识产权与科技法学等理论研究，发表学术成果100余篇，出版学术著作10余部，主编《私法》《中国科技法律评论》等学术刊物。他积极参与国家相关立法、战略规划和政策制定，曾多次接受中央机关或相关部门委托从事有关课题研究，提供立法咨询意见和政策建议。2020年11月30日，易继明教授受邀出席中共中央政治局第二十五次集体学习会，就加强我国知识产权保护工作进行讲解，并提出工作建议。

访谈视频

扫码观看访谈视频

02

知识产权与时代同行

采访时间：2019 年 9 月

编者按

党的十八大以来，在以习近平同志为核心的党中央坚强领导下，中国知识产权事业驶入了进一步发展的快车道，实现了大发展、大跨越、大提升，开启了知识产权强国建设的新时代。

知识产权网特邀陶鑫良教授，围绕“知识产权与时代同行”主题，就我国知识产权事业的历史发展阶段、当前若干知识产权热点问题、我国的知识产权人才培养等相关话题，与我们分享了他的见解。

采访摘编

我国知识产权事业的历史发展阶段

陶鑫良教授认为，迄今我国知识产权事业的历史发展或可以分为四个阶段：第一阶段是从 1949 年到改革开放前，这一阶段是孕育期；第二阶段是从改革开放开始到 20 世纪 90 年代中期，这一阶段是起步期；第三阶段是从 20 世纪 90 年代中期到 2008 年《国家知识产权战略纲要》颁行，这一阶段是发展期；第四阶段是从 2008 年《国家知识产权战略纲要》颁行到 2019 年 9 月，这一阶段是腾飞期。此后，或许会进入一个（螺旋式上升的）调整期。

第一阶段：虽零星出台过知识产权规范，但总体而言知识产权尚未正式进入立法状态，知识产权及其概念都还没有进入社会领域、文化领域、政治领域、经济领域等方面，只能说是处于孕育期。

第二阶段：我国的知识产权法律体系从无到有，从逐步立法走向全面立法。1983 年施行《中华人民共和国商标法》、1985 年施行《中华人民共和国专利法》、1991 年施行《中华人民共和国著作权法》、1993 年施行《中华人民共和国反不正当竞争法》，因此我国知识产权法律体系完成基本布局，全面起步，整合同步，知识产权行政和知识产权司法全面推进。这一阶段属于起步期。

第三阶段：鉴于关税和贸易总协定乌拉圭回合瓜熟蒂落，并催生 WTO 应运而出，基于中美几轮知识产权谈判峰回路转与我国最终加入 WTO 等国内外各种因素的影响与促进，直到 2008 年《国家知识产权战略纲要》颁行。这一阶段我国的知识产权事业发展的外部环境与内部形势都较好，继往开来，厚积薄发，发展速度和加速度提高，处于一个蓬勃发展期。

第四阶段：2008 年 6 月 5 日颁行的《国家知识产权战略纲要》是动员令，是进军号，从此到 2019 年的十余年是我国知识产权事业的腾飞期。这一阶段我国的知识产权工作获得了前所未有的发展速度和加速度，知识产权的数量积聚与质量提高都取得了显著的成绩。当然，在发展过程中，也会出现新的时代要求和新的综合考量。那么，从现在开始，我国的知识产权事业在高速发展的腾飞期后，或从数量牵动质量发展转化为以质量引领数量为主，或会有一段承上启下、继往开来的调整期。

当前关注的若干知识产权热点问题

陶鑫良教授首先关注的当前知识产权热点问题主要有：在当代科技进步加速状态下的知识产权制度因应；知识产权制度必须反侵权与反滥用双管齐下、相辅相成。

对于第一个问题，他认为，如果将知识产权制度看作函数，则科技进步是其最大的自变量；知识产权制度就是随着科技进步这一最大自变量的变化而变化的。知识产权制度不是人类与生俱来的，而是人类发展到一定的历史阶段，即科技进步到一定程度才应运而生，工业革命后期知识产权制度因科技进步到一定程度应运而生，紧接着又随科技进步的高歌猛进与时俱进、一路提升。例如，1709 年世界第一部现代意义上的著作权法诞生时的技术瓶颈及经济瓶颈在于作品复制环节，那时著作权制度以复制权为核心；但随着新时代科技进步，尤其是互联网时代的到来，当代著作权制度与时俱进，从过去以复制权为核心转为以网络传播权为核心。科技进步的速度和加速度引领着知识产权制度的发展。迅速发展的人工智能或许将会从根本上改变我们生活的世界的运行模式，将会怎样影响、完善今天的知识产权制度，需要拭目以待、及时跟进。

对于第二个问题，他认为，知识产权制度要强调“两条腿”走路，既要强调反侵权、反仿冒、反盗版，又要强调反滥用、反垄断、反暴利，一定要“两手抓、两手硬”。

无论是国内还是涉外知识产权运用与保护实践，知识产权不但能成为正当竞争的武器，也可能成为不正当竞争的凶器；不但能成为正当竞争的“倚天剑”，也可能成为不正当竞争的“屠龙刀”。因此，知识产权制度必须“两条腿”走路：一方面，针对侵权严重、盗版猖獗、仿冒泛滥的反侵权、反仿冒、反盗版；另一方面，针对恶意滥用、恶性垄断、恶性暴利的反滥用、反垄断、反暴利。只有这样，才能真正增强知识产权制度效能，切实保护知识产权权益。近年来，我国对高通公司违法的芯片垄断行为进行了制裁，处罚其 60 亿元人民币，韩国也处罚其折合人民币 40 多亿元，欧盟也处罚其折合人民币 70 亿元。在我国，不仅有类似高通公司上述不正当垄断行为之“劣马奔腾”，还有大量非垄断性的不正当行为之“猪羊遍地”。我们既要反对知识产权垄断性的“劣马奔腾”之不正当竞争，又要反对知识产权非垄断性的“猪羊遍地”之不正当竞争。

关于我国的知识产权人才培养

关于我国的知识产权人才培养，陶鑫良教授认为：一方面，“院系建设遍地开花，培训基地雨后春芽，专本硕博全面覆盖，人才培养厚积薄发”，迄今我国知识产权人才培养成绩斐然；另一方面，也存在“偏重法律轻管理、偏重理论轻经营、偏重概念轻实务、偏重模板轻特色”的局限。知识产权更具有“法商”属性。企事业单位的知识产权运营往往是“为了姓商才姓法，姓法为了更姓商，商是目标法桥梁，商是实质法具象”。我国最需要的知识产权人才是企事业单位中能征善战、真抓实干的知识产权应用人才。“市场决定方向，需求决定培养。前瞻决定发展，整合决定力量。”陶鑫良教授建议：第一，现有高等院校加强科学布局、合理分工，重点培养应用型知识产权法商人才；第二，培养重点在硕士研究生阶段，最好有理工科本科第一专业背景；第三，加强知识产权应用人才的在职教育和继续教育，可持续增强知识产权应用人才的实力及能力。虽然持续的科学技术进步不断推动我国知识产权人才培养的历史进程，厚积薄发，成绩喜人，但仍任重道远，需与时俱进。

嘉宾介绍

——知识产权过河卒，智慧事业见证人

陶鑫良，教授，博士生导师，律师，仲裁员，我国第一批专利代理人，上海大学知识产权学院名誉院长和上海德恒律师事务所高级合伙人，从事知识产权教学、研究和法律服务已41年。曾任上海大学知识产权学院、同济大学知识产权学院、大连理工大学知识产权学院院长，第一至第四届国家知识产权专家咨询委员会委员，中国知识产权研究会副理事长兼学术委员，中国知识产权法学研究会副会长，中国科学技术法学会副会长等。

访谈视频

扫码观看访谈视频

03

浅谈
知识产权强国建设背景下的
知识产权工作

采访时间：2018 年 1 月

编者按

北京强国知识产权研究院一直致力于“实现知识产权价值、助力创新型国家建设”。知识产权网特邀北京强国知识产权研究院院长杨旭日做客《IP 大咖说》栏目，结合其多年的企业知识产权管理经验，谈知识产权强国建设背景下的知识产权工作，重点剖析企业知识产权工作、企业知识产权人才培养及知识产权运营、知识产权强国建设研究中的一系列问题。

采访摘编

企业知识产权工作发展迅速

杨旭日先简要地介绍了我国知识产权现状，认为目前我国知识产权处在发展阶段，在我国加入世界贸易组织（WTO）后企业的知识产权工作日趋重要。之后，他分析了企业主体在我国知识产权发展中的重要作用。无论是数量、质量，还是企业管理人员水平及竞争力方面，企业知识产权工作的发展速度都有显著提高，并肯定了华为、京东、腾讯等企业在知识产权方面所做的工作。他建言，政府要重视和尊重企业知识产权工作，企业要培养知识产权的战略意识，在内部形成知识产权的管理机制体制，通过较强的信息化手段，建立良好的信息沟通系统。此外，一个好的团队对企业知识产权工作也是至关重要的。

人才建设成为关键一环

提到知识产权的人才培养，他认为，知识产权人才建设进入了新发展阶段，是知识产权强国建设中的关键一环，我国知识产权人才依然处于稀缺状态，知识产权需要知识产权管理人员精耕细作、良好地运用，让知识产权的薄弱环节转变为优势力量，发挥其价值。同时，杨旭日针对这一问题制定强国知识产权系列培养计划，开展有针对性的培训、技能教育和高度程式化的职业互动，旨在培养优秀的知识产权管理人才。

知识产权运营成绩显著

关于知识产权运营，杨旭日认为，知识产权运营就是让知识产权更有经济价值，起到应有的作用。近年来，知识产权运营成绩斐然，知识产权运用业态趋于全面，质押、保险、投融资和证券化等方面都在不断发展和完善。知识产权获得了各界关注，知识产权热度的上升、吸引大量社会资本，知识产权的核心作用逐渐被产业和大众认识。

但与此同时，知识产权运营工作还存在着一些问题。由于知识产权的私权属性意味着我们需要从市场角度来思考知识产权问题，所以知识产权需要帮助企业创造财富、实现再生产。这一过程需要知识产权实现精度发展，需要完善知识产权评估和投资建设。因此，他建言，应多采取资助形式支持知识产权发展。通过设立专利运营基金等方式，容易出现投资人知识产权专业性欠缺，进而发生脱节现象，不符合知识产权运营发展状态。

杨旭日分享了强国知识产权研究院在知识产权运营方面的经验。第一，专利工作要与技术相结合；第二，专利要与投资相结合，引入资本投资，实现其技术价值；第三，专利要与技术引入相结合，通过专利买卖，实现其价值转移，加强企业竞争力，反对新技术壁垒。

研究工作任重道远

最后，杨旭日针对国内知识产权研究工作提出了一些看法。他认为，研究工作可便于实现知识产权的价值，让人们理解知识产权的重要作用。知识产权研究需要从更广的角度来看，知识产权与法律的发展、政策的形成及实施有很大的关系。同时，研究本身对知识产权意识的形成也至关重要，有了研究作为引导，知识产权意识形成共识，才有可能促进法律、法规的制定和出台，政策才得到很好的落实。学者、法官、律师及企业知识产权实务工作者等都会为知识产权的研究作出贡献。

近年来，司法部门成效突出，多地设立知识产权法院，大量的大案、要案产生，知识产权司法工作发展迅速。知识产权政策依赖系统的良性状态，立法、司法、执法联动。这些都反映了知识产权在我国的发展变化过程。但同时，他指出，知识产权研究也存在问题，知识产权政策的高度容易受到部门限制，导致研究成果的浪费。他建言，知识产权有关部门应当秉持原则，提高研究层次，多聆听来自产业、企业的声音，发挥产业的主导作用。同时，知识产权智库也要提高水平，摆脱部门利益的束缚，逐步引领国际化。

嘉宾介绍

——知识产权管理专家、北京强国知识产权研究院院长

杨旭日，北京强国知识产权研究院院长、中国知识产权研究会学术顾问委员、北京大学兼职研究员、国家律师学院客座教授、重庆理工大学兼职教授、国家知识产权局无形资产课题组首席专家。

2000 —2013 年，历任方正集团技术规划经理、知识产权与无形资产总监。参与并主持诉高术、诉暴雪、诉文星等开创国内先河的案件策划与论证；参与策划应对美国 Wetstone 诉方正案件，并赢得胜利；主持方正医药研究院有限公司诉拜耳公司“莫西沙星专利氯化钠注射液”无效一案，并获成功；获得国家知识产权局、国家市场监督管理总局、国家版权局等主管部门的多次表彰。

2010—2013 年，主持国家复合出版系统工程标准研制和知识产权支撑子工程；主持版式技术、手机操作系统等知识产权研究与运营，并获得成功。

2014年至今，创建北京强国知识产权研究院，并使之成为知识产权国内第一民间智库；筹办强国知识产权论坛，已成为全国数一数二的专业论坛；创办强国知识产权总监班，得到业界的广泛好评。

访谈视频

扫码观看访谈视频

04

浅谈知识产权惩罚性赔偿制度

采访时间：2019 年 9 月

编者按

近年来，知识产权领域引入惩罚性赔偿制度被多次提及。习近平总书记在 2018 年博鳌亚洲论坛开幕式致辞中，特别提出了对知识产权侵权行为要进行惩罚性赔偿的要求。对知识产权侵权行为作出惩罚性赔偿，可以有效遏制知识产权恶意侵权行为，更好地激励人们的创新热情。

对此，知识产权网对话时任中南财经政法大学知识产权研究中心主任曹新明，请他来谈一谈对知识产权侵权行为的惩罚性赔偿。

采访摘编

提出背景

作为知识产权法学研究与教学的知名专家，曹新明在采访中介绍，习近平总书记在2018年博鳌亚洲论坛开幕式中就知识产权的相关问题作出了重要指示，其中特别提到了要加强知识产权保护，加大执法力度。习近平总书记的重要论述，向全世界再一次传递了我国进一步完善知识产权管理体制机制，进一步强化知识产权执法力量与力度，进一步保护在华外资企业知识产权和我国企业在海外知识产权的坚定立场。

历经多年的发展，我国知识产权法律制度建设、执法司法体系建设、社会服务诸方面都取得了举世瞩目的成就，构建了“严大快同”（严保护、大保护、快保护、同保护，即确立知识产权严保护政策导向，构建知识产权大保护工作格局，突出知识产权快保护关键环节，塑造知识产权同保护优越环境）的知识产权保护体系。但是，经济快速发展和高新技术的广泛应用给我国知识产权保护带来一些棘手的问题。例如，知识产权侵权成本低、维权成本高、对知识产权侵权行为的惩处力度较弱等。基于此，我国在知识产权法律规范中增加惩罚性赔偿，是比较有效的举措。习近平总书记在2018年博鳌亚洲论坛上明确提出的“要制定惩罚性赔偿的相关制度”为此指明了方向。

知识产权领域陆续引入侵权惩罚性赔偿制度

2013 年 8 月 30 日，《中华人民共和国商标法》第三次修订，在这一版就率先规定惩罚性赔偿，其中第六十三条规定，“对恶意侵犯商标专用权，情节严重的，可以再按照上述方法确定数额的 1 倍以上 3 倍以下确定赔偿数额”。即对故意、长期、重复、严重实施商标侵权行为的侵权人给予惩罚，惩罚性赔偿额度是 1 ~ 3 倍。该条规定作为我国知识产权惩罚性赔偿的开端，为随后进行的《中华人民共和国专利法》第四次修订和《中华人民共和国著作权法》第三次修订时增加相应的规定奠定了基础，彰显了惩罚性赔偿对有效遏制知识产权恶意侵权行为的重要价值和作用。尤其值得关注的是，2019 年《中华人民共和国商标法》将惩罚性赔偿的上限额度进一步提高，将 2013 年《中华人民共和国商标法》规定的“1 倍以上 3 倍以下确定赔偿数额”提高到“1 倍以上 5 倍以下确定赔偿数额”；2019 年《中华人民共和国反不正当竞争法》中增加了设立惩罚性赔偿的内容。《中华人民共和国专利法》第四次修订中，首次引入了惩罚性赔偿制度，规定对故意侵犯专利权，情节严重的，可以在 1 倍以上 5 倍以下确定赔偿数额，《中华人民共和国著作权法》第三次修订中增加了惩罚性赔偿。

知识产权领域的侵权惩罚性赔偿制度最早由美国的专利法创设，最高赔偿额度可以达到 3 倍。与世界上其他国家相比，现行《中华人民共和国商标法》规定的“惩罚性赔偿”最高可达 5 倍，是最高的。这种惩罚力度，有利于加大对知识产权侵权行为的惩处，有利于提高知识产权侵权成本，能够更好地保护知识产权，激励创新。

当前需要解决的问题是如何在具体审判实践中较好地适用惩罚性赔偿。为了做好知识产权惩罚性赔偿的适用，最高人民法院发布《最高人民法院关于审理侵害知识产权民事案件适用惩罚性赔偿的解释》。

总的来说，我国一方面可以通过修订相关法律规定，另一方面可以通过修改司法解释或实施条例的规定，使得惩罚性赔偿能够得到有效落实，知识产权侵权成本低、维权成本高的问题才可以得到根本解决。

嘉宾介绍

——知识产权法学研究与教学专家

曹新明，法学博士，中南财经政法大学教授、博士生导师，中南财经政法大学知识产权研究中心原主任，国务院政府特殊津贴获得者，中国知识产权领军人才，中国法学会知识产权法学研究会副会长。

主要从事知识产权法学研究与教学工作。曾在《法学研究》《中国法学》《知识产权》等学术期刊上公开发表论文100余篇；出版专著10余部，主编、参编国家规划教材20余部。

访谈视频

扫码观看访谈视频

05

遵循知识产权审判规律——知识产权专业审判团队工作解读

采访时间：2019 年 2 月

编者按

首例声音商标案［腾讯科技（深圳）有限公司诉原国家工商行政管理总局商标评审委员会商标驳回复审行政纠纷案］、首例音乐喷泉案（北京中科恒业中自技术有限公司、杭州西湖风景名胜区湖滨管理处诉北京中科水景科技有限公司侵害著作权纠纷案）、首例 GUI 外观设计侵权案（北京奇虎科技有限公司诉北京江民新科技术有限公司 GUI 外观设计专利侵权案）等诸多知识产权领域“首案”，均出自一家人数只有 50 名员额法官的“小法院”——北京知识产权法院（以下简称北知院）。面对每年近 1.3 万件知识产权案件，他们如何在审判中实现公平与效率?

带着这个问题，知识产权网参加了 2018 年 8 月 29 日在北知院召开的北京法院审判团队建设系列推介会——知识产权专业化审判团队工作情况新闻发布会，并在会议现场采访了时任北知院副院长宋鱼水。

采访摘编

建立专业化审判团队

2014 年 11 月 6 日，北知院成立。自成立以来，北知院有 50 个专业化的审判团队，包括 10 个院长、庭长综合类审判团队，12 个技术类审判团队，8 个著作权类审判团队，14 个普通商标与竞争类审判团队，6 个商标速审类审判团队。

宋鱼水在采访中介绍，北知院专业化审判团队建立的初衷如下：第一，提高案件审理质效；第二，提升不同类型案件结案均衡度；第三，提升法官团队业务调研、创新能力。基于以上需求，北知院在专业化审判团队运行保障方面具有以下几点举措：第一，优化审判资源配置，为专业化审判团队提供人力保障；第二，组建法官专业会议和调研小组，为专业化审判团队提供智力支持；第三，探索“四位一体”技术事实查明机制，提升审判团队技术化水平；第四，开展人员分类自治管理，调动审判团队工作积极性；第五，激发团队审判管理能动性，鼓励创新团队运行机制。

设立技术调查室 聘请技术调查官

宋鱼水还对北知院设立技术调查室并聘请技术调查官这一举措作出详细介绍。技术调查室自 2015 年成立，截至 2018 年 6 月，共指派 45 位技术调查官参与了 1027 件案件的技术事实查明工作，提交技术审查意见 500 余份。可以看出，技术调查官制度运行以来，技术调查官在审判工作中起到了积极的作用，大大提升了技术类案件的审判质量与效率，为北知院技术类案件的审结作出了突出的贡献。

北知院在成立 4 年多的时间内陆续有 3 名法官荣获“全国审判业务专家”殊荣，在专业人才培养方面有着丰富的经验。宋鱼水还谈到北知院采取的一些具体举措，例如：完善人才发现的养成机制，着力培养高层次的人才；落实院党组培养一批知名法官的要求，将重大疑难复杂案件交由专家型法官审理等。

专业化辅助力量——志愿者服务队

北知院还有一支专业化的辅助力量——志愿者服务队。宋鱼水介绍了这支队伍成立的初衷，以及它的主要工作内容。志愿者来到北知院后被分配到各个岗位，有的是诉服岗位，有的是法官助理岗位。将志愿服务引入到诉讼服务和审判辅助事务中，并结合志愿者工作的特点，进行创新性地延伸，丰富志愿者服务的内容。此项举措已经探索了 3 年，逐渐形成了一套专业化志愿服务机制，并实现了规范化、常态化的运行。现如今，对志愿者的管理越来越规范，辅助知识产权审判工作也越来越有成效。同时，志愿者也学到了很多专业化的知识，这为他们的素质培养和能力提升提供了一个广阔的发展平台。

嘉宾介绍

——“辨法析理、胜败皆服”的全国模范法官

宋鱼水，北京知识产权法院党组成员、副院长。进入法院工作近 30 多年来，参与并见证了中国民商事审判工作，特别是知识产权审判事业的发展壮大，参与办理了多起“全国首例”的案件，被誉为“辨法析理、胜败皆服”的好法官。

曾获“全国优秀共产党员”“全国三八红旗手”“全国劳动模范”“全国先进工作者”“全国模范法官”“全国十大杰出青年法官”“全国十大法治人物”“中国十大女杰”等荣誉称号。被授予全国五一劳动奖章，中国青年五四奖章，中国法官十杰（2003）金法槌奖，首都劳动奖章，北京市杰出人才奖。被评为“时代先锋”，首都“巾帼十杰”，北京市“人民满意的政法干警”。作为电影《真水无香》的原型人物，其经历被搬上银幕，受到社会各界广泛赞誉。

访谈视频

扫码观看访谈视频

06

女性参与创新创造——知识产权审判工作中的创新探讨

采访时间：2018 年 4 月

编者按

2018 年 4 · 26 第十八个世界知识产权日的主题是：“变革的动力：女性参与创新创造。”女性在推动当今世界变革，塑造人类共同未来的过程中发挥着重要作用。

知识产权网对话时任北京石景山区人民法院知识产权庭庭长易珍春，与她共同探讨女性参与知识产权审判（司法保护）工作，致力创新发展的话题，分享女法官们的研精毕智与锐意进取。

采访摘编

恪守初心　保持热忱

谈及与知识产权的结缘，易珍春表示，这是一个偶然的机会。“初到知识产权法庭，我还是有些忐忑的。虽然在被调到知识产权法庭之前的 10 多年里，我分别在民庭和商庭做过书记员，但是提任法官之后就没在业务庭工作，对业务谈不上特别的熟悉，是要逐步学习和适应的过程。由于我专业学的是法学，再加上之前一直在法院的职能部门工作，有一些工作经验，很快就适应了新的岗位。到了知识产权法庭能够拥抱法院的主业，接触一个审判的新兴领域——知识产权领域，心情还是比较愉悦的。”

“知识产权的案子有它本身的专业性，因为在审判的过程中要常常与一些国际品牌和国内大中型企业特别是互联网公司打交道，所以能感受到无论是当事人、律师，还是法律服务人员素质普遍都是比较高的。换个角度讲，这也同样激励法官们要加强学习，要有突破，重创新。”镜头前的易珍春，从容淡定、气质优雅，平易近人的话语间道出了她身为法官的尊荣及对知识产权事业的热忱与专注。

参与审理的知名案件

易珍春从事知识产权审判工作多年，审理了很多知名案件，说到印象深刻的案件，她侃侃而谈。

一个是某知名音乐节目被一家知名视频网站在热播期间盗播的系列案件。长期以来，知识产权侵权诉讼中存在的损害赔偿标准偏低导致权利人“赢了官司输了市场”的问题，一直为社会各界所诟病。

近年来，最高人民法院多次提出要加大知识产权保护力度。涉及某知名音乐节目单期节目包括该案在内的共有 6 起案件，单件案件判赔 100 万元赔偿及 1 万元合理支出，6 起案件共判决被告给付原告经济赔偿 606 万元。为了准确认定该案的判赔数额，我开了两次庭，第二次开庭专门就赔偿数额问题进行了审理。该系列案件的赔偿数额不仅是目前《中华人民共和国著作权法》规定的法定赔偿额 50 万元上限的 2 倍，而且创下了北京地区综艺节目著作权侵权案中单期节目赔偿额的新高，从而引发了社会的广泛关注。2017 年底，该系列案件被评为“媒体关注的 2017 年北京法院十大案件”之一。

“另外一个给我留下比较深刻印象的案件是 2017 年审结的全国首例服务器提供商被控侵权案件，该案涉及服务器提供商的服务性质、责任认定等新问题，且诉讼双方均为国内影响力较大的企业。因是一起具有典型意义的新类型疑难复杂案件，我院知识产权法庭专门召开案件研讨会，邀请了王迁等知名专家学者、互联网技术人员及三级法院的资深法官，从事实认定到法律适用进行了深入研讨，并形成了判决。该案判决结果对于打击隐蔽的盗版行为、规范服务器行业产生了重要影响，与华为诉三星、苹果诉高通专利侵权、“王老吉”知名商品特有包装装潢之争等案件一道被《中国知识产权报》评为 2017 年度“知识产权十大热点案件”。

惩罚性赔偿的变化及司法保护新举措

提到法定赔偿数额的变化，易珍春表示，总的来说，法定赔偿数额是逐年提高的，惩罚性赔偿也越来越多，但总体比例还不是很大。可以明确的是，任何低于知识产权市场价值的损害赔偿行为，不仅使侵权人获得不正当利益，激起侵权动机，而且损害司法权威。关于如何将赔偿标准作为一个动态性的、微妙的平衡调节器，易珍春建言，需要来自理论界的深入研究和司法实践的不断积累及大胆尝试。

关于 2018 年知识产权法庭在司法保护方面的新举措，她坦言，知识产权法庭 2018 年将在三方面开拓创新：一是针对涉诉较多的驻区高新技术企业，为其提供“定制化”的司法服务；二是与北京赛智知识产权调解中心签订了双方合作协议，与石景山区知识产权局、中关村科技园区石景山园管委会及北京赛智知识产权调解中心签订合作协议，率先在北京市的法院系统中创设了集知识产权纠纷司法调解、行政调解、专业机构调解三位一体的多元化调解格局；三是将与石景山区知识产权局联动打造一场品牌讲座活动，由资深知识产权法官为从事文化创意产业或高新技术产业的企业代表讲解经典知识产权案例，重点帮助企业提高知识产权意识和维权能力，防范、应对诉讼风险。

开拓视野　敢于创新

采访中，易珍春跟我们分享了她从事这份职业多年来的心得体会。她认为，法官要紧跟时代发展的步伐，开拓国际化的视野，积极主动地了解当前新技术、新产业、新业态的发展情况，敢于创新，公平公正，善于思考，充分发挥法官在保护创新、维护公平竞争、规范相关行业行为和促进发展方面的主导作用。

总而言之，知识产权法官要站位高、视野广、能力强，这也是时代赋予的责任，作为法官将责无旁贷！

嘉宾介绍

——知识产权审判领域的女性法官代表

易珍春，现任北京市石景山区人民法院行政审判庭（知识产权审判庭）副庭长、知识产权团队负责人。

2012年从事知识产权审判以来，认真履职尽责，4次荣立个人三等功。审理的案件曾2次获评北京法院年度知识产权司法保护十大案例，其中“百灵鸟QQ营销案”入选《北京法院知识产权专业化审判三十年典型案例》，撰写的裁判文书曾获评北京法院优秀裁判文书一等奖。曾被石景山区委组织部、区总工会授予“易珍春创新工作室”荣誉称号。

访谈视频

扫码观看访谈视频

二、知识产权与企业发展

01

改革开放与企业知识产权保护利用

采访时间：2018 年 8 月

编者按

企业家是经济活动的重要主体，是市场经济中的“关键少数”和特殊人才。2018 年对企业家来说注定是不平凡的一年：中国对外开放进一步扩大，未来知识产权的作用将变得更加不容小觑。知识产权网邀请到北京大学张平教授从企业家的角度来探讨加强知识产权保护与对外开放的相互作用。

采访摘编

知识产权与对外开放相互作用、密不可分

张平在采访中表示，知识产权制度伴随改革开放而诞生。改革开

放前我国属于计划经济，而知识产权制度是市场经济的产物。改革开放要打开国门、参与国际市场竞争，特别是外国的投资人需要中国有一个与国际接轨的知识产权保护体系，由此，开始了我国的知识产权相关立法。

初期，我国的知识产权保护基本上是为建立良好的招商引资环境、保护跨国企业作为权利人的利益而推动的，中国本土企业作为知识产权被许可方在实践中交了许多“学费”，企业在“走出去”的过程中遇到知识产权诉讼、海关扣押、337 调查等多方挑战，逐渐在教训中树立起知识产权战略应用意识。在知识产权制度实施相当长的时间里，中国很多企业在知识产权保护上仍处在一张白纸的状态，企业在国际贸易博弈的过程中了解了知识产权制度，也在改革开放的过程当中掌握和运用了知识产权战略。

完善知识产权制度，促进我国知识产权事业不断发展

张平认为，在贸易全球化的时代，知识产权制度是全球市场竞争的战略工具，知识产权既可以当作拓展国际市场的“矛”，也可以作为守住国内市场的“盾”。在创新驱动发展战略进一步深入实施的当前，知识产权制度亦将为我国科技、文化、经济发展起到越来越大的作用。现代知识产权制度诞生于市场经济、服务于市场经济，其激励创新的效果亦需要依靠市场机制方能在最大程度上予以实现。

张平讲道：“尽管知识产权制度是一项法律制度，但是这项法律制度在 WTO 时代和后 WTO 时代及未来在新兴技术领域方面，可能发

挥不一样的作用。在共享经济和人工智能时代，知识产权保护模式不同于传统的制造业和工业时代的模式，随着技术的进步，商业模式的增加，国际贸易和国际环境的变化，知识产权制度也在不断调整。”

嘉宾介绍

——“循道而行，慧心致远”

张平，北京大学法学院教授，北京大学人工智能研究院 AI 安全与治理中心主任，北京大学武汉人工智能研究院副院长。1991 年至今，在北京大学法学院任教；2004 年，北京大学法学院雅虎－方正讲席教授及北京大学互联网法律中心主任；2009—2022 年，北京大学知识产权学院常务副院长；2018—2024 年，北京大学粤港澳大湾区知识产权发展研究院执行院长；2018 年至今，深圳鹏城实验室人工智能中心双聘专家；2020 年至今，北京大学人工智能研究院双聘教授；2023 年至今，北京大学人工智能研究院 AI 安全与治理中心主任；2023 年至今，北京大学武汉人工智能研究院副院长。

访谈视频

扫码观看访谈视频

02

京东集团知识产权工作介绍

采访时间：2019 年 5 月

编者按

随着移动互联网的普及，电子商务平台为经济发展增添了新的驱动力，也使中国成为全球第一大网络零售大国。电商企业京东集团依靠其自营商品和优质的物流服务赢得了消费者的信赖。同时，精准的知识产权布局也让京东集团有着不可比拟的优势。

知识产权网特别邀请到京东集团知识产权总监范艳伟女士，请她为我们分享京东集团的知识产权管理、智慧物流、商标保护及电商平台如何打击侵权假冒伪劣产品等相关内容。

采访摘编

京东集团的知识产权管理工作

采访中，范艳伟首先介绍了京东集团知识产权管理工作的特点：第一，在组织架构方面，京东集团法律法规与知识产权部的管理范畴非常广，涵盖了所有知识产权相关的权利类别，包括专利、商标、版权、域名、知识产权侵权投诉和维权打假，形成了立体化的知识产权保护网络；第二，知识产权管理的速度要与互联网业务发展迭代速度快的特点相匹配；第三，京东集团除了要保护自身的知识产权外，还通过系统的制度和流程帮助其他知识产权权利人在电子商务平台上维护其合法权益。

京东集团在仓储物流领域申请了诸多专利。范艳伟介绍道："京东集团于 2007 年开始自建物流，如今经历了 10 余年的发展，已成立了京东物流子集团，希望用积累的专业经验、先进的技术支持，降低全社会的物流成本。"近年来，京东在着力打造智慧物流全景图，这一体系中包括无人机、无人车、仓储自动拣货机器人等。有了先进的技术保障，京东自营 90% 的订单可在 24 小时内送达消费者。在京东集团的物流建设中，专利是其中非常重要的一环，截至 2019 年 5 月，京东集团物流相关专利申请已有 2000 多件。

京东集团的吉祥物"joy 狗"形象与"京东"二字现已提交全类商标注册申请。范艳伟认为，商标是企业品牌的载体，企业在市场上获得的信誉、积累的口碑，最终都会反映在商标上。“价值千金，惜名如命”，这正是商标与企业品牌的关系。

积极应对电商平台中的知识产权侵权行为

各大电子商务平台针对平台中出现的知识产权侵权行为都采取积极的措施进行应对。以京东平台知识产权保护的措施为例，可通过事前、事中、事后三个环节进行把控。在事前环节，对于第三方入驻商家，京东有一套非常严格的监管体系。商家入驻时，京东会严格审核入驻商家企业主体资质及行业准入的所有资质。对于母婴、食品等重点品类，质控团队还会进行实地考察，以确保入驻商家所提交资料的真实性。商品上架时，为杜绝商家出售假冒伪劣产品、品牌乱挂等现象，京东也有相应的监管系统。在事中环节，京东自主研发了一套读取全网数据的监控系统，依据设定的三百多项指标，结合商品的退换货率等来确定该商品是否为高危商品，对于高危商品会有专门的调查团队，对其资质进行人工复查，第三方公证购买，与品牌方、权利人合作鉴定等。在事后环节，京东有一套知识产权维权系统，用来由权利人发起侵权投诉。这种情况下京东会通过系统进行判断，对权利人资质进行核查，下架侵权产品，并有一系列内部治理手段。

范艳伟表示，希望在持续、严格的知识产权保护举措下，电商平台上的侵权产品越来越少，能够给消费者提供一个更加放心的线上购物平台。

嘉宾介绍

——搭建京东知识产权体系的杰出企业知识产权人

范艳伟，北京市知识产权专家库专家，中国知识产权研究会网络知识产权委员会委员，曾获《中国知识产权》杂志评选的“2017 中国杰出知识产权经理人”。

2005 年毕业于中国人民大学法学院，法律硕士，拥有法律与专利代理师双重职业资格，具有多年行业从业经验。2012 年 8 月加入京东，搭建京东知识产权体系，现任京东集团知识产权总监。2016 年曾带领团队荣获“第三届中国杰出企业知识产权管理团队”。2020 年入选“ALB 中国知识产权法务十五强”“2020 WTR300: The World's leading Corporate Trademark Professionals 全球杰出企业商标专家”。

访谈视频

扫码观看访谈视频

03

科研人员创业路上的知识产权保护

采访时间：2019 年 7 月

编者按

在 O2O、共享经济等创新创业方式逐渐退潮后，当前我国的“双创”方向已经转向技术创新，尤其是鼓励硬科技创新。在此背景下，越来越多的投资人表示要了解前沿技术，重视科研人员，并鼓励科研人员创业。那么，科研人员的创业之路如何？创业公司的知识产权布局和保护需要注意什么？

知识产权网对话中科劲点（北京）科技有限公司创始人刘军发博士，听他讲述科研人员创业路上的知识产权保护。

采访摘编

科研人员的创业之路

刘军发在接受采访时表示，技术人员创业最常遇到的挑战来源于市场。从技术变成产品，再变成用户手中的商品，这个过程周期长、门槛多。必须要有很强的工程开发能力，如项目经理的管控、产品经理对产品的打磨等，把演示级的系统做到产品级的水平，是一个质的飞跃，这一过程对科研创业人员来说是一个很大的挑战，有一些科研项目不能走出实验室就是因为按照研究人员的思维打造出来的“产品”更像是一款技术原型，由于缺乏良好的用户体验，在第一时间就被用户拒绝。他谈道，把产品变成商品前一定要厘清用户的真正需求，不能根据自己的想象“闭门造车”。例如定位系统，户外领域中较知名的公司有高德和百度，得到了广大用户的认可和使用，而室内大型建筑物里的定位系统尚未发展起来，所以我们推断该领域相应地应该有很多用户需求，如在停车场找车位、车站接人等。但当我们把产品做出来时才会发现，真正的用户需求与想象相差甚远。用户需求的刚性、使用的频次及使用成本等多维度因素共同决定了一个商业模式的可行性。因此，把产品变成商品前一定要厘清用户真正的需求和使用场景，有哪些是最值得去尝试的，即具有商业闭环验证的。

采访过程中，他还提到产品营销是将“产品”变成“商品”的另外一个重要环节。如果没有全方位、精准地宣传营销，产品做出来后有潜在购买需求的用户通常无法获取相关消息。怎样通过所有可能的手段将产品营销出去，变成用户愿意购买的产品，甚至是爆款产品，这是非常具有专业门槛的挑战。

创业公司的知识产权布局和保护

刘军发表示，创业公司必须要有自己的优势和支撑力量。对于科技型企业来讲，知识产权核心技术尤为重要，应该尽早申请专利，形成持续性的保护优势，这是非常必要的。他还强调，专利布局同样重要，预判即将要出现的前沿性技术，就此提前进行专利布局，从而提高行业的门槛。科研人员创业应该具有敏感性，应该利用自己的优势，尽快对核心技术进行专利申请和布局，这样才能更好地保障和支撑公司的长远发展。

嘉宾介绍

——室内定位技术早期开拓专家

刘军发，博士，济南中科泛在智能计算研究院院长，中科劲点（北京）科技有限公司创始人、总经理。2009 年博士毕业于中国科学院计算技术研究所，同年留所工作。2011 年在新加坡南洋理工大学做访问学者。2018 年 9 月之前为中国科学院计算技术研究所副研究员，硕士生导师，担任感知计算课题组组长，从事智能人机交互与机器学习方法研究。曾主持、参与多项国家自然科学基金与“863”计划项目，发表学术论文 100 余篇，拥有发明专利30余项。项目曾获得2015年"北京市科技进步二等奖"，2016年"中国卫星导航协会科技进步一等奖"。IEEE/ACM会员、CCF高级会员、CCF普适计算专委会委员、YOCSEF委员，2014年、2015年全国可穿戴计算大会程序委员会委员，2014年CCF ADL"可穿戴计算技术与实践"学术主任，云南大学"兼职教授"。其创立的中科劲点（北京）科技有限公司获得北京四维图新科技股份有限公司、PlugandPlay等知名机构投资。

访谈视频

扫码观看访谈视频

04

创新管理赋能企业创新和可持续发展

采访时间：2023 年 9 月

编者按

创新是企业的生命，企业创新是推动我国经济迈向高质量发展的核心要素。在新发展阶段，必须强化企业管理创新，助力其形成更明确的科技创新愿景、使命和战略，拥有更完善的组织体系，具有更高的科技创新投入产出水平，使企业在形成关键共性技术、前沿引领技术和颠覆性技术等方面发挥优势。在加强企业创新能力的过程中，我们不仅要发挥科技创新的优势，更要在管理创新方面积极探索，从而更好地解决我国企业的创新动力问题。

针对这一主题，我们特邀清华大学经济管理学院教授陈劲做客《IP 大咖说》栏目，为我们带来关于“创新管理赋能企业创新和可持续发展”的主题分享。

采访摘编

重视以创新管理国际标准指导企业发展

如何看待中国企业通过标准化手段（国际标准）提升自身创新能力？“首先，创新管理国际标准（ISO56005《创新管理—知识产权管理指南》）体现了中国的话语权。我们经过努力把知识产权体系有效地纳入国际创新管理标准，这是我国知识产权工作取得的一项重大进步，它的贡献在于实现知识产权管理和企业创新管理有效融通，形成由中国主导的知识产权标准之一。”在陈劲看来，这项工作对企业发展而言是很关键的，今后企业发展要以标准化的思维来指导企业管理。在传统的企业管理过程中，我国强化以标准意识来构建企业注入质量管理和可持续发展的一系列标准化体系，使各类企业在部分质量管理方面的能力水平得到很大提升。现在，我国把知识产权融入创新管理体系中，按照创新管理国际标准来指导中国企业发展，把相关的创新管理知识体系更快地输入到我国各类企业中。此举对于各类企业提升自身的创新能力，特别是优化企业创新管理的能力和水平将起到重要作用。所以，我们呼吁广大企业要重视以创新管理国际标准来指导企业发展，快速提升企业自主创新能力，加快科技创新工作，助力我国科技高水平自立自强的目标早日实现。

谈到中国科技领军企业在对标国际一流创新型企业创新管理的过程中应该重点关注的问题，陈劲认为，我国的科技领军企业首先要按照创新管理国际标准的原则和相关要求认真加快学习和贯标。但是，我国的科技领军企业又肩负着比一般的创新企业更重要的职责，如企业要更加关注“四个面向”，即面向世界科技前沿、面向经济主战场、面向国家重大需求、面向人民生命健康。科技领军企业在定位创新目标时应该更加高远。此外，在创新过程中，一方面，要有效发挥我国的新型举国体制优势，利用政府有作为、市场有效率的机制组建高水平的创新联合体。另一方面，通过体制机制优化，我国创新人才建设和创新文化得到进一步完善，这些工作都给传统的企业管理带来重大变革。

陈劲认为，科技领军企业应顺应创新管理国际标准贯标工作，要更加体现中国特色，体现我国创新管理的能力和水平，这是中国跃居世界前列的关键。

“中小微”民营企业是国家创新的重要生力军

目前，国家出台多种政策促进民营经济尤其是“中小微”民营企业的经济发展。陈劲表示，民营企业特别是“中小微”民营企业是国家创新非常重要的生力军，下一步应按照国家支持专精特新企业发展的政策要求，进一步鼓励“中小微”民营企业踊跃从事创新活动。在这一过程中，他也期待广大“中小微”民营企业，一方面认真学习创新管理国际标准，重视贯标工作，另一方面发挥我国“中小微”民营企业的特点，对市场更加敏锐、敢闯敢拼，在颠覆式创新、未来技术方面表现得更加活跃，进一步彰显我国“中小微”民营企业的特色及创新能力与水平，在专精特新的要求下，走出一条我国企业对创新管理和创新能力建设新的探索之路。

嘉宾介绍

——技术创新管理与企业管理资深专家

陈劲，清华大学经济管理学院教授、博士生导师，教育部人文社会科学重点研究基地——清华大学技术创新研究中心主任，教育部科技委管理学部委员、中国技术经济学会技术管理专业委员会理事长，以及学术期刊 *International Journal of Innovation Studies* 创始主编，*International Journal of Knowledge Management Studies* 主编，《清华管理评论》的执行主编。主要研究方向为技术创新管理与企业管理。

我国技术创新管理领域首位国家杰出青年科学基金、国务院政府特殊津贴、国家百千万人才、特聘教授。30年来，持续开展创新管理理论研究，设计了“自主创新—开放创新—协同创新—整合式创新”的技术创新战略四阶段发展路径，构建了与之相匹配的“自主研发主导—内外协同—产学研合作—基于核心能力”的技术创新系统，并持续深入地为中国10余家骨干企业进行技术创新战略规划和创新系统设计，为我国产业技术创新能力与水平的提升作出了应有贡献。

此外，陈劲还积极推动我国技术创新管理学科建设、人才培养和以“知识管理与创新管理”为核心的企业管理知识体系建设等。

访谈视频

扫码观看访谈视频

05

科创板企业上市知识产权问题探讨

采访时间：2023 年 9 月

编者按

近年来，科创板上市企业的科创属性越来越被重视，科创板的战略定位也对科创板上市企业提出了有针对性的要求。首当其冲的是科创板上市企业对知识产权的原创性、领先性、硬核性及专利保护水平都有极高的要求。然而，相当数量的科创板申报企业在知识产权与专利技术的原创性、领先性和硬核性上明显不足，不少企业还存在专利侵权、专利权失效等问题。还有一些企业本身具备较强的科创属性，但对其科创属性信息的披露不到位，没能充分地揭示其科创含量，缺少针对上市审核问询的答复经验和论证技巧。

关于科创板企业上市中面临的知识产权问题，《IP 大咖说》特邀科创板上市知识产权问题解决专家马天旗为我们带来关于"科创板企业上市知识产权问题探讨"的主题分享。

采访摘编

科创板企业上市前知识产权信息披露的要求

针对科创板企业上市前知识产权信息披露的要求，马天旗表示，上海证券交易所（上交所）对于准备上市科创板的企业在知识产权方面的信息披露，主要有以下五个方面要求：第一，披露所有拥有的知识产权，要与科创板上市的要求相匹配，如专利的数量或者计算机软件著作权的数量；第二，披露知识产权的权属来源、法律状态等基本信息；第三，披露知识产权与主要营收产品技术相匹配的情况；第四，披露知识产权在相关市场，包括国内、国外的专利布局情况；第五，也是最主要的方面，就是要披露相关的知识产权是否存在侵权风险及应对情况等。此外，还有财务方面，包括核心发明人等相关信息都会有所披露，以及其他与知识产权相关的内容。

科创板企业上市前、上市中、上市后知识产权风险的应对措施

在谈到科创板企业在上市前、上市中、上市后知识产权风险的应对措施时，马天旗指出，企业一般在科创板上市前需要作一些准备工作，如知识产权的数量、质量是否符合要求，知识产权风险是否排查完毕，专利诉讼有没有作合理应对。在上市中，这些工作也会持续。在上市后，知识产权应对措施相对上市前没有那么急迫，但是，有很

多企业对于知识产权纠纷问题会做一些常规应对，或是持续解决这一问题。当然有一些核心产品的研发、专利布局肯定是持续的，不会因为企业上市就放慢专利布局的脚步，而是要加快脚步，因为上市后企业有充裕的资金，可以把知识产权布局进行进一步优化。

在科创板上市过程中，企业遭遇知识产权侵权诉讼时应采取的应对措施

马天旗表示，企业在科创板上市过程中，有相当一部分企业会遭遇“专利阻击”，尤其是来自竞争对手。那么在遭遇竞争对手的专利诉讼时，企业不能慌张，可以提前做 FTO（Freedom to Operate，即专利自由实施），对于可能存在侵权风险的专利，需要出具是否侵权的分析报告。如果在上市中竞争对手发起专利诉讼，企业可以第一时间申请专利无效，那么就要提前做相关专利的无效检索准备。此外，应向上交所的审核人员进行说明，即使侵权成立，可能也不会影响到企业大局，只是轻微影响产品的相关营收。合伙人还可以签署一致性行动协议，大家一致认为如果出现相关风险，可以由股东们来承担损失，不用转嫁给买股票的公众。这些措施都可以进行提前准备，一般情况下，如果提前做了 FTO 报告，而且专利无效的应对措施比较及时的话，那么上交所的审核人员有时也会让企业“带诉”过会。

科创板拟上市企业应该如何做才能避免受到专利的“阻击”

在谈到此问题时，马天旗指出，企业因为知识产权问题上市不成功

的案例中有一部分企业是因为专利诉讼应对不当，当然可能还有其他问题，如最常见的就是竞争对手对企业的发明专利提起了大量无效宣告，导致企业的一些专利在上市过程中被宣告无效，致使其专利数量不满足要求。另一部分企业是受限于该企业早期的专利来源，如有相当一部分专利是从外部购买或是获得许可的，那么这些知识产权的原始权利不在发明人手中，这可能会导致上交所询问发明人其是否真正掌握企业的核心技术。当然还有其他问题，如在信息披露方面有一些错误数据，与官方掌握的数据不太一致，或是前后矛盾等，这些也会导致企业上市不成功。除了专利方面，可能还会在版权、商标方面存在一些问题，也有很多企业是因为其他类型的知识产权问题导致其上市不成功。

嘉宾介绍

——专利信息分析利用领军人物，
高价值专利培育实务领军人物

马天旗，北京智专北斗知识产权咨询有限公司执行董事兼总经理，国家知识产权局专利局机械发明审查部原副处长，国家知识产权运营公共服务平台原副总经理，国际许可贸易工作者协会中国区理事，中国知识产权研究会高校知识产权管理与大数据中心副主任，佛山市季华知识产权发展促进中心理事，中国知识产权信息联盟专家委员会委员，高级知识产权师，正高级知识产权管理师，国家知识产权局高层次人才，全国专利信息利用师资人才；

主编《专利分析——方法、地图解读及情报挖掘》《专利分析－检索、可视化与报告撰写》《专利有效性检索》《专利布局》《专利挖掘》《专利侵权风险防控》《专利转移转化案例解析》《高价值专利培育与评估》《高价值专利筛选》《我国港澳台及国外专利申请策略》《专利商战启示录》等 10 多部书籍，作为课题组长、负责人、指导专家，参与专利信息分析、专利导航、专利预警、专利分析评议等课题 50 多项。

访谈视频

扫码观看访谈视频

06

执业融合推动知识产权生态健康发展

采访时间：2019 年 1 月

编者按

知识产权法律服务被细分为专利律师、专利代理师等不同群体，这些群体如何实现执业融合？目前的实践有哪些经验教训？这些话题正受到行业管理者们的广泛关注。

同时，知识产权作为一个全社会问题，也需要社会各界从业者更好地交流合作。如何实现良性互动，形成共同价值理念，更是知识产权行业长盛不衰的话题。

知识产权网特别邀请北京市维诗律师事务所执行合伙人杨安进律师，就知识产权行业执业融合问题分享自己的经验和观点。

采访摘编

打通专利律师与专利代理师群体的执业道路

杨安进在采访中生动地将专利律师和专利代理师两个群体比喻成两棵树，他们前期在不同的背景下各自成长，就职于不同性质的机构，隶属于不同的管理体系。但知识产权事业的发展使得客户需要他们协同工作，这种现状导致专利律师和专利代理师被人为地割裂成两个群体，难以真正打通执业融合之路。

在他看来，理想的状态是这两个群体作为一棵大树上长出的两个枝杈，拥有共同的根和躯干，能够互相融合执业，共同发展。这样的好处在于：第一，对于从业者来说，打通了两个群体之间的执业道路，使得他们可以根据自己的年龄、特长、性格等因素互相转化。第二，对于客户来说，面对同一个需求，找同一个团队就可以解决问题，能够获得更好的服务体验。第三，站在机构的角度，可以同时提供法律服务与专利申请服务，劳动的性价比更高。

融合执业，共同发展

“实际上，目前大家正在努力地尝试融合。”杨安进说，如一些大型专利代理机构成立了律师事务所，一些律师事务所在内部设立知识产权代理公司、专利代理机构。这种方式的特点是有主有次，属于部门化管理。这是一种尝试，优点是管理相对简单，且由于历史的惯性，大家会更易接受这种管理方式，但弊端在于难以调动人员的活力，无法激发他们的工作积极性。这种方式的融合仅仅处在初级阶段，并不能真正地实现融合的目标。他认为，比较理想的模式是两个群体按照合伙制的方式，共同平等地在一个大平台上运作，这样既打通了执业融合的道路，双方又能按照合伙制的方式，根据协议来灵活安排各自的权利、义务。

知识产权作为一个全社会问题，需要社会各行业从业者更好地交流合作。杨安进指出，现在很多从业者对于知识产权问题的关注点还停留在法律层面，但我们应该认识到，知识产权问题在本质上属于经济问题、社会问题，之后才逐步演变成法律问题。想要解决这些问题，尤其是在比较高的层面来解决，就需要社会多方共同努力，其中应包括法官、行政官员、资深学者、企业知识产权管理者、知识产权律师等角色的良性互动，促使行业从业者整体实现信息对称，形成共同价值理念。

总而言之，只有大家共同努力、达成共识，才能够使得中国的知识产权制度在公认的、符合公平正义的、也符合中国的产业利益的基础上前进，实现知识产权生态健康发展的目标。

嘉宾介绍

——家国情怀，书生意气，学术风范，工匠精神

杨安进，从事知识产权和技术转移律师工作近三十年，办理了大量重大复杂的专利、商标、著作权、技术秘密类法律业务，以及国内和跨境技术转移业务。例如，在代理谷歌公司（Google Inc.）处理有关拼音输入法专利侵权诉讼、恶意代码诉讼、恶意点击诉讼等典型案例中，在代理联想公司处理计算机主板设计和手机视频软件侵权纠纷中，在代理西电捷通公司与索尼移动公司关于无线局域网安全接入的标准必要专利侵权案件中，均取得胜诉的结果。同时，在 AMD 向中国转移 x86 架构的 CPU 技术转移项目中，在中欧关于炼钢炉炉顶技术的技术转移项目中，杨安进律师作为中方的首席代理律师，均促进了项目的成功。

2013年被评为北京市“十佳知识产权律师”，2019年被《商法》杂志（China Business Law Journal）评为“The A-List 法律精英”榜单100位中国业务优秀律师。

2005年担任国家知识产权战略制定工作领导小组评审专家。现兼任中国国际经济贸易仲裁委员会仲裁员、域名争议解决中心专家，中国海事仲裁委员会仲裁员，国际商会（ICC）中国国家委员会委员，北京知识产权法研究会常务理事、专利法委员会主任。同时担任北京大学、北京理工大学、首都经济贸易大学、北京师范大学、对外经济贸易大学等高校研究人员或兼职教授。

访谈视频

扫码观看访谈视频

07

电商平台知识产权保护体系的探索创新

采访时间：2023 年 9 月

编者按

随着数字技术的飞速发展，平台经济在中国已经迅速崛起，成为引领经济发展的重要引擎，并在经济社会发展全局中的地位和作用日益凸显。加强电子商务平台的知识产权保护，有助于推动电子商务行业健康有序发展。

知识产权网《IP 大咖说》栏目特别邀请上海大学知识产权学院院长袁真富博士，与我们分享“电商平台知识产权保护体系的探索与创新”相关内容。

采访摘编

电商平台在知识产权保护方面的创新实践

谈到电商平台在知识产权保护方面的创新实践，袁真富表示，平台经济是现在经济发展的一个重要引擎。平台的用户越多，平台的权力、承担的责任，包括知识产权保护的责任也就越大。平台在知识产权治理方面呈现出两方面趋势：一是从被动受理到主动作为的转变。越来越多的平台，特别是一些规模较大的平台，都不再局限于被动地接受权利人的投诉和处理侵权问题，而是主动、提前介入，通过技术手段把一些侵权问题尽可能提前规避。或者说，平台主动承担了比法律要求更高的义务，这一点可能也是全球趋势。立法上也反映出这一趋势，无论是欧盟的《数字化单一市场版权指令》，还是德国的一些关于著作权或是电子商务的立法，都反映出平台要承担更多的侵权治理义务。我国的电商平台也在朝这一方向努力。二是技术治理成为主导。平台除了有用户优势，也有相当强的技术优势。如果平台的治理完全依靠人工或者个案甄别的话，效率会比较低。那么，针对一些批量或是频发的侵权问题，通过技术治理解决，应该说是目前比较常规的手段。随着内容识别、算法推荐等技术的发展，国际立法趋势和司法审判实践都要求电商平台承担更多的知识产权侵权治理义务。

电商平台知识产权治理体系的展望

国内一些电商的创新实践为行业知识产权治理提供了启示。对于电商平台知识产权治理体系的展望，袁真富建言，关于电商平台知识产权的治理体系，要平衡两方面关系，一是平台权力的行使和权利人维权的关系。二是平台的义务承担和主动作为之间的关系。

平台治理责任与权利人维权的关系平衡

相对于平台的经营者，电商平台至少拥有三项“权力”：一是市场准入权，比如哪些商家用户能够入驻平台，平台制定了准入门槛与条件，甚至是内部规则。二是规则制定权，包括纠纷处理等，平台可以通过制定规则来对平台内经营者进行管理。三是“准执法权”，平台基于一定规则可以对违规商家进行监管甚至处罚，包括商品下架、搜索屏蔽、限制发布商品、关闭店铺等。因此，平台如何更好地行使权力，对权利人的维权是相当重要。处理这两者的关系，一方面不能过于加重平台负担，另一方面也要减轻权利人维权的负担，优化权利人维权的程序。某种程度上，也可以从源头治理侵权，减轻行政执法机关、司法机关解决这些争议问题的负担。

平台义务承担与主动作为的关系平衡

当前，主动作为是很多平台有意采取的一种策略，即主动介入去保护知识产权、保护权利人的利益，防止侵权假冒问题在平台中蔓延。无论是电子商务法还是民法典，或是其他法律，对电商平台在知识产权保护方面都有相关的义务设定，这可能是相对较低的标准。比如德国 2021 年颁行的《版权服务提供商法案》，对于不用于商业用途或只产生不重要收入的不超过 15 秒的电影作品或音轨，不超过 160 个字符的文本，以及不超过 125KB 的图片，它们在日常传播时，可能不适用欧盟的“过滤器”条款，也就是说可能会被进行侵权豁免，这样可以减轻平台的审核义务。例如在我国，大量的音视频平台也会出现类似情况，既有可能侵权的长视频、短视频，也有一些难以判断的用户生成内容（UGC）的混剪视频，这就给平台的审核带来了很多困难。因此，是否可以考虑对一些非商业性的，比如混剪视频，在其时长较短的情形下，减轻平台的审核义务。像这种情况一旦侵权，权利人可以通过投诉甚至诉讼的方式来解决，从而实现平台的义务承担和权利人维权或者保护权利人的版权之间的平衡。

嘉宾介绍

——知识产权管理领域资深专家

袁真富，上海大学法学院副院长、知识产权学院院长，上海大学高校国家知识产权信息服务中心副主任、副教授，成都文理学院客座教授，兼任复旦大学知识产权研究中心特邀研究员、上海市静安区人民法院知识产权审判咨询专家、上海市知识产权研究会副秘书长、中国知识产权研究会高校知识产权专业委员会副秘书长、“全国知识产权领军人才”等。

访谈视频

扫码观看访谈视频

三、知识产权运用与保护

01

知识产权惩罚性赔偿制度解读与侵权诉讼实务分享

采访时间：2020 年 1 月

编者按

2019 年 12 月 4 日，中共中央、国务院《关于营造更好发展环境支持民营企业改革发展的意见》全文发布，其中明确提出，要建立知识产权侵权惩罚性赔偿制度，加大对知识产权的保护力度。2019 年 11 月 24 日，中共中央办公厅、国务院办公厅印发了《关于强化知识产权保护的意见》，其中明确，力争到 2022 年，侵权易发、多发现象得到有效遏制，权利人维权“举证难、周期长、成本高、赔偿低”的局面得到明显改善。一时间，“知识产权保护”“惩罚性赔偿制度”成为知识产权行业热议的话题。

知识产权网特别邀请到北京市柳沈律师事务所合伙人、专利代理师张祥律师，就惩罚性赔偿制度对推动知识产权保护工作的作用，以及企业如何应对知识产权侵权诉讼相关问题进行解读。

采访摘编

惩罚性赔偿制度对推动知识产权保护工作的作用

在谈到“惩罚性赔偿制度对推动知识产权保护工作的作用”这一问题时，张祥表示，知识产权惩罚性赔偿制度是在我国实施知识产权强国战略大背景下，为促进创新驱动发展、优化营商环境所提出的。

惩罚性赔偿制度对推动知识产权保护工作具有重要的作用，可从两个维度来理解。一是，从侵权者角度来看，惩罚性赔偿制度能够显著提高侵权者的违法成本，遏制恶意侵权行为。以前，民法适用“填平原则”，即专利权人损失多少，侵权者就赔偿多少。如今，惩罚性赔偿制度中规定了最高 5 倍的赔偿金额，侵权者因此就会权衡利弊，最终放弃投机行为。二是，从权利人角度来看，惩罚性赔偿制度有利于权利人行使自己的诉权。以前，权利人维权常有“成本高、赔偿低”的问题。如今，侵权赔偿大幅提高，为权利人行使自己的权利提供了动力，权利人通过诉讼获得高额赔偿后就有更大的动力投入创新并获得回报，这便形成了一个良性循环。同时，权利人积极行使权利的行为对潜在的侵权者也形成了威慑。

企业如何应对专利侵权诉讼

此外，作为“华为三星互诉专利侵权案”“标准必要专利许可使用费纠纷案”的主诉律师，张祥结合本案，从诉讼前、诉讼中、诉讼后三方面分享了企业如何应对专利侵权诉讼。

关于企业面对竞争对手的挑战，他认为，在诉讼前，企业要积极准备，构建企业的专利网，培育高价值专利作为“专利战”发生时的“专利武器”。企业要充分意识到，目前中国有效发明专利的存量很大，并且技术具有交叉性、迭代性，企业在其发展过程中几乎不可避免地会使用到别人的专利，当企业擅自使用未被授权或许可的专利时，就极易导致侵权诉讼的发生。当然，企业也可以许可别人使用自己的专利，以此获得经济效益。

在诉讼中，企业要做到全面应对，攻守兼顾，不忘和解。企业要充分认识到诉讼的风险和不确定性。对于原告来讲，可以通过多个高价值专利获得胜诉，将对方排除出市场或提高对方的生产成本。对于被告来讲，最好的防御就是进攻，彼此形成互诉关系，这无论是在舆论上还是结果上都有助于促成和解。张祥强调，诉讼只是一种手段，并不是目的。在诉讼的过程中要适时和解，这样可以在降低双方诉讼成本的基础上达到彼此的目的，并且双方的曝光度都得到了一定程度的提高。

在诉讼后，要总结经验，不断提高。对于企业，尤其是企业的知识产权管理人员来说，一场“专利战”的结束并不意味着松懈。要不断地总结与提高，只有这样，企业才能在下一场“专利战”中更好地胜出。

嘉宾介绍

——知识产权法律服务资深律师

张祥，毕业于天津大学，获机械电子专业学士学位、技术经济学专业双学士学位、机械制造及其自动化专业硕士学位。研修了中国政法大学民商法学硕士课程。获得了美国 John Marshall Law School（约翰·马歇尔法学院）知识产权法法学硕士（LL.M.）学位。

2007 年加入北京市柳沈律师事务所，目前为事务所合伙人、律师、专利代理师。主要从事专利、商业秘密等知识产权相关诉讼业务，包括专利无效、专利无效行政诉讼、专利侵权诉讼、专利权属纠纷诉讼、侵犯商业秘密诉讼，以及前述案件的诉前评估与风险防范等。擅长的技术领域包括机械电子、机械自动化控制、汽车新能源、通信技术、MEMS 芯片等。

2007 年取得专利代理师资格，2008 年取得律师资格。张祥先生曾被聘请为政府法律顾问，曾接受《中国知识产权报》专访、接受《对话律师——中国优秀律师访谈录》专访，代理的案件曾被最高人民法院评选为“全国知识产权年度典型案例”，被中华全国律师协会评选为“全国优秀涉外案例”，被地方高级人民法院评选为“省内知识产权年度典型案例”，被国家知识产权局评选为“专利无效年度典型案例”等。

访谈视频

扫码观看访谈视频

02

知识产权纠纷热点问题

采访时间：2020 年 1 月

编者按

我国知识产权行政保护工作力度不断加大，保护水平不断提升，成效显著。2019 年 11 月，中共中央办公厅、国务院办公厅印发了《关于强化知识产权保护的意见》，这是首次以中共中央办公厅、国务院办公厅名义出台的知识产权保护工作的纲领性文件，具有里程碑式的意义。国家知识产权局制定印发了《专利侵权纠纷行政裁决办案指南》《专利领域严重失信联合惩戒对象名单管理办法》等相关文件，进一步加强专利权的保护，提高专利侵权纠纷行政裁决工作的效率与水平，加快推进专利领域信用体系的建设。

知识产权网对话北京杰烁律师事务所创始人朱洁琼，将“知识产权纠纷热点问题”的相关知识分享给大家。

采访摘编

当前企业知识产权纠纷较多的领域

朱洁琼在接受采访时提到，根据 2019 年中国法院知识产权纠纷数据，全国各地知识产权民事案件一审收案大约 30 万件。其中，涉及领域最多的是著作权纠纷案件，约 19 万件；其次是商标权纠纷案件，约 5 万件；再次是专利权纠纷案件，约 2 万件。对于商业型企业来说，涉及较多的是商标权纠纷案。对于生产型企业来说，涉及较多的是技术纠纷案，包括专利侵权、确权纠纷和商业秘密纠纷等。

平行进口是否构成侵害商标权

朱洁琼认为，平行进口问题是指国外合法生产销售的使用商标的商品进口到国内，是否会侵犯国内关联商标权。这是一个争议较大的问题。有些人认为原则上平行进口是合法的，如果平行进口的商标权人是同一人，那么权利人在两国都享有该商标权，这样不会在市场上导致公众的混淆，从这个角度来讲平行进口是合法的，不构成商标侵权。有些人则认为原则上平行进口是非法的，因为商标权具有地域性，如果把一个在美国注册了商标的商品合法地进口到国内，它在国内的使用是没有获得许可的，从地域性上讲平行进口侵犯了国内的商标专用权。

平行进口是否合法？朱洁琼认为这是一个政策性选择问题。如果更加重视商标专用权的地域性保护，平行进口则不被允许；如果更加注重全球市场的统一性，想要消除价格和质量的差别，这时则允许平行进口。

如何排查及应对名牌高仿行为

朱洁琼表示，应对名牌高仿行为，监督和排查需要全面的网络覆盖，企业可以通过自己的销售网络或专业的律师事务所、代理机构监控排查，也可以充分利用目前新兴的 AI 软件。当企业发现自己的品牌被侵犯、设计被仿冒后，应该怎么办呢？她讲道，"品牌高仿侵犯了两方面知识产权，一是商标专用权，二是品牌外观设计。对后者，建议企业要尽快申请外观设计专利保护或做版权登记。目前我国的版权登记对独创性要求较高，例如在服装设计领域，很多服装的设计在国内无法获得版权保护，因此更依赖商标权和外观设计的保护。高仿产品更多出现在奢侈品领域，比如皮包等。一款高仿的爱马仕皮包，不仅侵犯了爱马仕的商标，同时侵犯了它独特的外观设计。如果企业或商家发现自己的品牌和商标被侵犯了，应该积极地去维权，可以通过谈判和解、通过律师发警告信或律师函、通过法院提起民事诉讼以及向市场监管部门举报等方式。市场监管部门在处理时，如果认定其行为构成侵犯商标专用权，则会要求其立即停止侵权行为，并没收或销毁侵权商品以及用来制造侵权商品的工具。一旦发现涉嫌犯罪的，应及时移送司法机关处理"。

嘉宾介绍

——资深知识产权律师

朱洁琼，北京大学法学学士，美国波士顿大学法学硕士，北京大学光华管理学院 EMBA；

北京杰烁律师事务所创始人，北京箴思知识产权代理有限公司高级顾问；

九三学社第十五届中央委员（法律专门委员会），中国海事仲裁委员会仲裁员，北京首都经济贸易大学法学院兼职硕士生导师。其代理的知识产权权属纠纷案例入选最高人民法院裁判要旨摘要案例；代理的信息网络传播权纠纷案例助力审理法院相关三位法官荣立法院系统二等功。

访谈视频

扫码观看访谈视频

03

中医药知识产权保护

采访时间：2020 年 7 月

编者按

我国出台了一系列法律法规、政策措施，全方位、多角度地对中医药知识产权予以保护。对于如何加强中医药产业的专利保护，知识产权出版社知识产权服务部主任刘化冰在接受知识产权网采访时阐述了自己的观点。

采访摘编

中医药知识产权保护正当时

关于中医药知识产权保护，特别是专利保护，刘化冰提出几点建议。

首先是对于一些中医的治疗方法，由于按照现行《中华人民共和国专利法》[1]的框架，治疗方法是不能直接申请专利权保护的。但是可以把很多治疗方法当作商业秘密保护起来，此举可以起到一定的保护作用。

另外，在一些传统的中医治疗过程中，所用到的器材、工具可以通过实用新型、外观设计等申请专利保护。

其次在中药方面，在现如今强调知识产权保护的大背景下，一些传承下来的中药秘方或者偏方，要采取科学的方法、强有力的专利保护手段，做好专利布局，使其尽快专利化，这也是有利于我们开发一些传承下来的专利品种的非常重要的渠道和手段。

最后，关于中药的现代化问题。近几年，通过与其他国家比较发现，我国在中药现代化方面虽然做了大量的工作，但还有很多方面可以做得更好。如对一些传统药物进行进一步的研发，包括一些活性物质的发现和提取、现代剂型的改造以及一些新用途的发现等。对于中药现代化问题，刘化冰呼吁一方面是国家投入相应的研发资金，另一方面也需要企业在传统产品生产的基础上，加大对新药品的技术研发与投入。

大数据技术推进中医药学术传承与科技创新

对于如何运用大数据技术推进中医药学术传承与科技创新问题。

[1] 此处所提及的“现行《中华人民共和国专利法》”为2008年12月27日修订（第三次）《中华人民共和国专利法》。截至2024年12月，我国现行《中华人民共和国专利法》于2020年10月17日修订（第四次），自2021年6月1日起施行。

刘化冰坦言，近几年，在中医药的创新过程中，特别强调数据挖掘与运用，包括传统中医药大量的古籍与科技文献，也包括专利。相对复杂的工作是相关数据的加工与处理。因为不同时期的文献所著录内容的提取、中医上的一些说法和中药的一些名称及规范等，这些需要做大量的梳理工作。我国传统中医药大数据的形成并得到充分利用对我国中医药的创新将发挥非常大的作用。

刘化冰列举了一个有代表性的例子，我国第一位医学诺贝尔奖得主屠呦呦，她在发现青蒿素时，实际上是通过一本中医药古籍——《肘后备急方》里的一句话："青蒿一握，以水二升渍，绞取汁，尽服之。"该句描述了青蒿通过水来进行提取，并通过不断地实验，屠呦呦最终在它的提取物中发现了青蒿素。这都是传统文献在研发方面带给我们的启示。

刘化冰带领的团队利用专利文献，探索性地做了一件有意义的事。团队通过专利大数据，收集了几十万篇涉及中药的文献，把其中所有跟病毒防控有关的中药组方进行了数据筛选，并逐一摘取出来，对其中用到的药材进行了整体的数据挖掘，结果显示在抗击病毒领域中，最常用的药材就是那几十种。"我们做了一个最常用的 24 种药材的推荐，与抗击新型冠状病毒的组方进行了比较，有较高的匹配度。"他表示，数据的挖掘分析无论是对药物的研发创新，还是对一些重大疾病的防控，都能起到一定的帮助作用。

嘉宾介绍

——知识产权大数据领域权威专家

刘化冰，正高级知识产权师，知识产权出版社有限责任公司知识产权服务部主任，北京中知智慧科技有限公司副总经理，国家知识产权局领军人才和高层次人才，全国专利信息领军人才，海淀区海英人才，北京市知识产权专家库专家和知识产权服务领军人才，美国卡多佐法学院访问学者，原国家新闻出版广电总局新闻出版知识服务国家标准起草组副组长。知识产权行业从业二十余年，长期从事知识产权大数据、知识产权战略咨询、知识产权信息化建设等相关工作，先后承担十余项国家知识产权局研究课题，发表论文十余篇，主编《知识产权领域标准体系与运用指南》一书。

访谈视频

扫码观看访谈视频

04

走进国际保护知识产权协会

采访时间：2020 年 10 月

编者按

国际保护知识产权协会（以下简称 AIPPI）是世界领先的非营利性协会，在全球 130 个国家 / 地区拥有约 8700 名会员，在中国也设立了分会。《IP 大咖说》栏目组特别邀请 AIPPI 中国分会原秘书长李毅，听他讲述 AIPPI 的那些事儿。

采访摘编

关于 AIPPI

李毅表示，AIPPI 是享誉世界的国际组织，致力于完善和发展知识产权保护相关法律法规，包括专利、商标、版权等。AIPPI 成立于 1897 年，总部设在瑞士苏黎世，其主要目标是在全球、地区和国家层面全面提升知识产权保护的价值。为了这一目标，AIPPI 多年来在普及、发展和完善知识产权相关国家法律、地区条约、国际条约等方面做了大量的工作。AIPPI 通过对现有和拟议的知识产权法律和政策进行研究，力求在法律、政策和实践领域达成统一的国际标准，在国际层面实现协调一致。AIPPI 也因此成为全球知识产权保护均衡系统的重要参与者和制定者。AIPPI 自成立以来，为诸多国际条约的发展和完善作出了贡献，如《工业品外观设计国际注册海牙协定》《商标国际注册马德里协定》《欧洲专利公约》和《专利合作公约》等。

李毅在接受采访时提到，AIPPI 设有 6 个法定委员会，分别是规划委员会、财务委员会、提名委员会、会员发展委员会、会址遴选委员会和通讯委员会。AIPPI 每年都会在世界各国轮流举办年度大会，2012 年，在韩国首尔举办的世界知识产权大会上，经过执委会几轮投票，AIPPI 中国分会成功获得了 2020 年 AIPPI 世界知识产权大会的主办权。2016 年，在意大利米兰召开的 AIPPI 世界知识产权大会上，来自中国的马浩当选为 AIPPI 总会的会长，成为 AIPPI 成立近 120 年以来，第一位担任 AIPPI 最高领导人的中国人。AIPPI 世界知识产权大会包含丰富的内容，其中专题研究讨论并形成决议就是大会的重要成果之一。AIPPI 正式通过的决议会通过各国分会分发至本国知识产权立法和管理部门。通过此方式，AIPPI 促进了各国知识产权法律的协调和统一。

始于 1986 年的 AIPPI 中国、日本两国分会交流会，于 2000 年扩大为中国、日本、韩国三国分会交流会。三国分会交流会每年在中国、日本、韩国三国轮流举办，现已成为 AIPPI 的地区性固定活动之一。

知识产权保护取得长足进步

谈及我国知识产权事业的发展，李毅表示，作为中华人民共和国成立后的第一代专利代理师，他有幸经历了中国第一部《中华人民共和国专利法》的颁布及实施，以及后来的 4 次《中华人民共和国专利法》修改。他提到，《中华人民共和国专利法》的前两次修改是被动修改：第一次修改是为 1992 年中美知识产权谈判，第二次是在 2000 年，中国申请加入世界贸易组织时，为了符合 TRIPS 关于知识产权保护的最低要求，再一次对《中华人民共和国专利法》进行了修改，而 2008 年及 2020 年的第三次和第四次修改，是应我国经济发展的需要和对广大专利权人保护的需要，主动对《中华人民共和国专利法》进行的修改。这表明我国对知识产权保护的需求、知识产权驱动经济发展的作用和企业知识产权的保护意识均有了大幅度提高。

从《中华人民共和国专利法》4 次修改中关于侵权赔偿额的规定可以看出，我国在知识产权保护方面已取得了长足进步和巨大发展。2008 年《中华人民共和国专利法》第三次修改之前，专利侵权损害赔偿额的计算只有 3 种方式：一是权利人的损失，二是侵权人的收益，三是按照专利许可费的倍数计算。考虑到在很多情况下无法计算专利权人的损失、侵权人的收益或没有相应的专利许可费作为参考进行第三种计算。因此，在第三次《中华人民共和国专利法》修改时引入了 1 万元 ~100 万元的法定赔偿额，由法官酌情进行裁决。2020 年通过的第四次《中华人民共和国专利法》修改，大幅提高了法定赔偿额，从之前的 1 万元 ~100 万元，提高至现在的 3 万元 ~500 万元。第四次《中华人民共和国专利法》修改还加大了对故意侵权的处罚力度，对于故意侵权的行为，法院最高可以处以损害赔偿额 5 倍的处罚额度。可以看出国家希望通过这样的规定震慑专利侵权行为。

采访的最后，李毅表示，希望能够通过 AIPPI 中国分会青年研讨会这个平台，不断培养中国知识产权高层次、国际化人才，从而拥有更多声音将中国知识产权保护的进步传递至全世界。

嘉宾介绍

——国际知识产权保护专家

李毅，曾任国际保护知识产权协会中国分会秘书长、北京专利代理师协会副会长、中国知识产权研究会常务理事等职务；

1983 年毕业于华南理工大学船舶制造专业，获工学学士，同年加入中国国际贸易促进委员会专利商标事务所；

1985 年获得专利代理师资格，1999 年通过国家律师资格考试获得律师资格，业务领域覆盖知识产权的所有方面，专注于专利申请、复审、专利无效、专利战略策划、专利有效性及专利侵权分析、专利行政诉讼、专利侵权诉讼等方面的法律服务。

访谈视频

扫码观看访谈视频

05

走进北京 2022 年冬奥会和冬残奥会组织委员会法律事务部

采访时间：2020 年 12 月

编者按

北京 2022 年冬季奥林匹克运动会（以下简称冬奥会）和第 13 届冬季残疾人奥林匹克运动会（以下简称冬残奥会）于 2022 年 2 月 4 日开幕。自申办冬奥成功以来，北京 2022 年冬季奥林匹克运动会组织委员会（以下简称北京冬奥组委）由最初的 9 个部门、2 个运行中心，发展壮大到 20 多个内设机构，确定了 57 个业务领域，扎实推进 3000 余项里程碑任务。在抗击新冠疫情的同时，筹办好一场“简约、安全、精彩”的冬奥盛会，在世界奥林匹克历史上，是一项壮举。

《IP 大咖说》栏目组特别邀请时任北京冬奥组委法律事务部部长李富莹，请她带我们走进冬奥组委法律事务部，围绕奥林匹克知识产权保护工作等，与我们展开交流与分享。

采访摘编

奥林匹克知识产权保护工作至关重要

谈到奥林匹克知识产权保护工作情况，李富莹表示，奥林匹克知识产权具有其特殊性，主要体现在权利人特定、保护对象广泛、保护工作贯穿始终等方面。我国目前对奥林匹克知识产权的保护主要通过两套体系对相关的奥林匹克知识产权提供全方位、更高水平的保护，一是通过传统的知识产权法律的保护体系，二是通过特殊的对奥林匹克知识产权保护的法律体系，即《奥林匹克标志保护条例》(以下简称《奥标条例》)。

自2022年北京冬奥会申办成功以来，冬奥组委法律事务部启动了对作为2008年奥运遗产的《奥标条例》的修订工作，并于2018年6月通过。新修订的《奥标条例》相较之前，其适用范围更广、保护范围更宽，既体现了我国对知识产权的尊重，也体现了我国对办奥承诺的信守，展现了大国担当。目前，新修订的《奥标条例》的实施情况顺畅，在社会上取得了较好的反响，也得到了国际奥委会和国际残奥委会的高度评价。

李富莹介绍，北京冬奥组委很重要的一项工作就是保护合法的使用人，打击非法的使用人。合法使用包括两种情况，一种是赞助企业。其对奥运会、北京冬奥组委提供了相关的赞助，为奥林匹克提供了稳定的资金支持，因此，北京冬奥组委允许赞助企业在一定的范围内使用相关的奥林匹克标志，这是商业性的；另一种是为了鼓励全社会参与奥林匹克，弘扬奥林匹克运动精神。北京冬奥组委也鼓励非商业的主体，如政府机关、社区、非营利法人等，在一定范围内，不以营利为目的来使用这些标志，这在客观上达到了宣传奥林匹克精神的目的。同时，对于非法使用奥林匹克标志的情况要予以打击，此举也是为了维护合法权利人的权利。

规范使用奥林匹克标志 打击和防范隐性营销

关于奥林匹克标志使用目的的界定，李富莹表示，这个问题涉及奥林匹克特殊的或者专有的一些运作机制。奥林匹克的发展，包括举办奥运会需要巨大的资金投入，奥林匹克的资金支持、资金来源主要来源于赞助企业。没有企业的支持，奥运会和奥林匹克运动难以生生不息地发展，奥运多年的历史也证明了这一点。企业投入了巨大的资金，奥委会、国际奥委会和国际残奥委会允许相关的企业使用奥林匹克相关的标志。企业通过使用这种标志提升其市场价值及市场认可度，同时也扩大了奥林匹克的影响，这实际上是多赢的局面。

如果允许没有提供相关支持的企业使用奥林匹克相关的标志，这实际上是对付出资金支持的企业权利的伤害，最终伤害的是奥林匹克运动的基础。因此，北京冬奥组委对奥林匹克知识产权保护的关键就在于维护奥林匹克知识产权的纯洁，保持它的价值，吸引更多的人支持奥运会，使奥运会得以不断地发展。

对于如何打击和防范隐性营销，李富莹表示，“隐性营销”的概念算是舶来品，该说法在国内并不常见，通常将它归到不正当竞争的范畴。隐性营销的行为表现是指，使用者没有使用任何的奥林匹克标志，而是通过一些误导或是一些虚假的联系，造成和奥林匹克运动有关联的误解，使人们误以为使用者和奥林匹克有关联，误以为其是奥林匹克所谓的赞助者。

在日常实践中，冬奥组委法务部设置了网上监测及其他一些线上、线下的手段来监测隐性营销行为，若发现该行为，冬奥组委首先会与相关的使用人取得联系，向其讲解、宣传奥林匹克知识产权保护规则和相关的国家法律要求。按照相关规定对隐性营销行为进行处理，此举是《奥标条例》修订中一个重要内容，同时也是国际奥委会非常关注的内容，对提升奥林匹克标志的保护水平具有重要意义。

加强体育赛事节目的知识产权保护

谈及如何看待体育赛事节目的知识产权侵权现象，李富莹表示，随着互联网技术的发展，一方面使得体育赛事节目的传播更加便利，另一方面，给相关的知识产权保护也带来了巨大挑战。例如，北京市高级人民法院审理的两起比较典型的关于足球体育赛事画面的侵权案件。

案件的审理首先肯定了体育赛事画面的作品的性质，强化了对相关著作权的保护，这是一个非常积极的信号。但对冬奥会来说，比较大的挑战是未来冬奥组委在赛时如何保护赛事画面的知识产权，这就涉及反盗播问题。根据《奥林匹克宪章》，北京冬奥组委有义务打击反盗播行为。2008 年北京奥运会的高水平举办为此积累了很多成功经验。因此，北京冬奥组委还会积极地应对互联网技术发展所带来的对奥林匹克知识产权保护，特别是反盗播行为的挑战。

最后，李富莹希望广大观众朋友们能理解和支持北京冬奥组委，在赛时遵守相关要求，共同维护好奥林匹克运动的良好秩序。

嘉宾介绍

——时任北京 2022 年冬奥会和冬残奥会组织委员会法律事务部部长，兼任北京市司法局局长

李富莹，北京大学法学学士、硕士、博士。1993 年 8 月入职国务院原法制办公室，历任秘书行政司（研究司）副处长、处长，曾参与

中国加入世贸组织有关法律问题的谈判；2005 年 2 月，入职原北京市政府法制办公室，历任副局级高级法律专务、副主任；2017 年 5 月，任职北京 2022 年冬奥会和冬残奥会组织委员会法律事务部部长，同年 7 月，兼任北京市政府法制办公室党组书记、主任；2018 年年底，机构重组，兼任北京市司法局党委副书记、局长；2022 年 3 月，调任北京市政协社会和法制委员会副主任（正局长级）。

访谈视频

扫码观看访谈视频

06

数字技术的创新发展与产权保护

采访时间：2022 年 9 月

编者按

2022 年《政府工作报告》指出，促进数字经济发展，完善数字经济治理，释放数据要素潜力。数据是数字经济的重要生产要素，数字技术是数字经济的重要生产力。数字技术需要治理，需要依法监管，也需要创新发展和产权保护。

国家知识产权局专利局原二级巡视员师彦斌做客知识产权网《IP 大咖说》栏目，就数字技术的创新发展与产权保护相关内容分享了个人的认识与体会。

采访摘编

加强对数字经济的法律认识与思维至关重要

师彦斌在采访中表示，“互联网 +”时代，数字经济、数字技术的发展已经深入社会生活的各个方面，成为一种主要的经济方式。因此，加强数字经济的法律认识与思维至关重要。自 2021 年以来，国家密集出台了一系列针对数字经济、数字技术方面的重磅法律法规，如《中华人民共和国国家安全法》《中华人民共和国数据安全法》《中华人民共和国网络安全法》《网络安全审查办法》《互联网信息服务算法推荐管理规定》以及《互联网弹窗信息推送服务管理规定（征求意见稿）》等。这说明无论是数字技术还是数字经济，都应保证社会的正常秩序及公平正义、保护用户的合法权益，这也是各方市场主体需要特别注意的。相信相关的法律体系建设会进一步完善，有关部门的监管、司法也会进一步加强。

鼓励数字技术创新 重视数字技术知识产权保护

谈到除法治化环境外，数字经济的发展还需要注意哪些方面时，师彦斌认为促进数字经济发展，数据的产权保护与数字技术的知识产权保护也很重要。

首先，关于数据的产权保护，他表示，数据现已成为重要的生产资源、生产要素，在2022年的《政府工作报告》中也明确提出，因此，应加以重视。特别是数据的分级分类管理，哪些数据属于国家机密或公共资源数据，哪些数据属于个人隐私数据，是否应加以区分和管理。在此基础上，数据作为生产要素，我们才能合法、有效地使用它，更好地调节它。其次是数字技术创新的知识产权保护问题。他表示，技术是现在最重要的生产力，数字经济的发展离不开数字技术的创新与驱动。为鼓励数字技术的创新，应加强数字技术的知识产权保护。一方面，无论是数字技术还是数字经济，都不能违反相关的法律法规，侵犯他人的知识产权。有的数字技术可能会涉及国家安全，如金融安全，一些虚拟货币的发行与交易，可能会对现有的金融市场造成冲击，甚至影响到国家的金融安全、社会的稳定。再比如“互联网+”、人工智能、大数据、生物基因等技术的发展演化，很可能会带来人类道德、公共道德方面的问题。另一方面是我们比较容易理解已经遇到的问题，如大数据“杀熟”、个人隐私被窃取、强行的弹窗广告无法关闭等，这些问题实际上是对我们个人隐私数据的侵犯，知情权、选择权的侵害。因此，数字技术在创新的同时也很有可能会违反国家有关法律规定。根据专利法（2020年）第五条第一款的规定，对违反国家法律、社会公德和妨害公共利益的发明创造，不能授予其专利权，因为它并不是专利保护的客体。

此外，师彦斌坦言，现在已经有很多数字技术方面的知识产权，接下来数字技术再创新与发展也不能侵犯现有的知识产权。比如截取一个小视频，将其上传到某网络平台，也许它的点击量很高、流量很大，但该行为所在的平台和用户本身可能就已经侵犯了视频原作者的著作权。2021 年年底，就已有法院判决某知名短视频平台侵犯视频原作者的著作权，显然上传该视频的用户也具有侵权行为。

在鼓励技术创新的同时，也要加强数字技术的知识产权保护，师彦斌认为目前这方面存在一定难度。因为数字技术大多涉及商业规则，如算法公式、计算机程序等。根据专利法第五条第一款和专利法第二十五条的规定，这些算法公式、数学模型、计算机程序本身都不能成为专利权保护的客体，但是大多数数字技术的创新又离不开这些。所以针对这一点，要有足够的认识。比如，在申请专利、撰写专利申请文件时，不能把要求保护的内容、主题写成单纯的算法公式，如数学模型等，这也是数字技术申请相关专利时常见的问题。因此，在撰写这方面的专利申请文件时，需要提高文件的撰写能力和专业度。即这一类的数学模型、算法公式等，需要与其他的技术手段一起构成发明创造的技术方案，应用到具体的技术场景中，并且能够解决技术上的问题，取得技术上的效果，这样才会成为技术方案，从而可能会获得专利授权。这对专利申请文件撰写的要求较高，大家应注意避免一个非常好的发明创造，很可能是一项重大发明创造，因没有写好专利申请文件，在申请专利后，发明创造的内容被公开，从而无法获得专利保护这类情况的出现。这也是审查员在进行专利审查时经常遇到的现象，希望能够引起大家的重视。

嘉宾介绍

——专利审查与教学指导专家

师彦斌，国家知识产权局专利局原二级巡视员、处长、高级专利审查员、教学专家；深圳大学法学院特聘教授；科技部、中国科学技术协会、北京市知识产权局专家库专家；知识产权网特聘专家；中国品牌建设促进会品牌保护专委会专家顾问；国威知识产权鉴定评估中心专家。

深耕专利审查、研究与教学30年，在国家知识产权局专利局机械发明审查部、电学发明审查部、复审和无效审理部长期从事专利的实质审查、复审无效审查、研究与培训工作；主持多项国家和知识产权局研究课题，著有知识产权领域书籍、论文10多部（篇）。担任国家专利奖专业评审组评委、全国创新方法大赛评委，参加科学技术部、国家知识产权局、中国科学技术协会课题评审；曾任国家知识产权局专利局教学工作组组长，负责全国专利审查员、专利代理师、企业专利及涉外专利培训教研教学工作。在专利的人才培训、申请文件撰写、专利质量与价值、企业专利工作、专利评审等方面研究深入，经验丰富。

访谈视频

扫码观看访谈视频

07

知识产权保护与反垄断问题

采访时间：2023 年 10 月

编者按

2023 年 6 月 29 日，国家市场监督管理总局公布修订后的《禁止滥用知识产权排除、限制竞争行为规定》，自 2023 年 8 月 1 日起施行。在知识产权领域实施反垄断法，涉及维护竞争与促进创新之间的平衡，因而既重要，又复杂。

知识产权网特邀中国人民大学法学院教授孟雁北博士就知识产权保护与反垄断的相关内容与我们分享她的见解。

采访摘编

知识产权保护与反垄断规制之间的关系

随着《禁止滥用知识产权排除、限制竞争行为规定》的出台，大家非常关心知识产权法与反垄断法之间的关系问题。知识产权法与反垄断法追求维护市场公平竞争、鼓励创新的目标具有一致性。反垄断法贯彻的是“保反兼顾”理念，所谓“保反兼顾”，是指反垄断法既尊重知识产权的特殊性，也会尊重知识产权人正当、合法地行使知识产权行为。但如果在行使知识产权的过程中出现一些不当行为，产生了排除、限制竞争的后果，反垄断法作为一项维护市场竞争的基本法律制度，会对这样的知识产权行使行为予以必要的限制。虽然知识产权作为权利具有一定特殊性，但是它并没有改变反垄断法的基本框架，滥用知识产权排除、限制竞争行为在反垄断法的框架中，并不是一种独立的行为。在反垄断法具体实施时，需要进一步论证一些知识产权行使行为会不会构成反垄断法所禁止的垄断协议行为、滥用市场支配地位行为。在这一过程中，反垄断法与知识产权法对维护市场公平竞争、鼓励创新均发挥了重要作用。

反垄断法在知识产权领域实施的意义、对促进创新的作用

市场机制和竞争机制是市场经济发展的原动力。如果有经营者在行使权力时产生了排除、限制竞争的后果，使竞争机制的作用或功能无法发挥，这时反垄断法将予以规制并禁止。反垄断法正是在维护市场竞争、优化营商环境的过程中，具有如此重要性和基础性的作用，才被称为“经济宪法”。

创新与反垄断法具有非常密切的关系。2022 年反垄断法修订过程中，在第一条“立法目的”条款里增加了“鼓励创新”的表述，此举

表明反垄断法在鼓励创新这一问题上会发挥非常重要的积极作用。与此同时，反垄断法在具体的制度设计和实施的过程中也会鼓励创新。当反垄断法对一些可能产生排除、限制竞争的行为进行制止时，那么也就保障和促进了竞争，实现了效率最大化，同时也能促进更高水平的创新出现。反垄断法在制度设计的过程中，会通过设计效率的抗辩制度、创新的抗辩制度对创新予以维护。在反垄断法的实施过程中，无论是对竞争损害进行评估，还是对效率和创新进行关注，它都是经营者的行为是否会受到反垄断法所禁止的非常重要的考量要素。

在知识产权领域，企业须加强反垄断合规工作

在市场经济运行的过程中，损害市场竞争的危害是非常大的，并且会对反垄断法整个法律责任制度的设计产生影响。反垄断法的法律责任是在威慑理论下构建的，所以一些典型的反垄断案件的罚款额度非常高。一方面，因为破坏市场竞争的行为对于整体利益的损害非常大。另一方面，为了预防和制止垄断行为，基本上各个司法辖区的反垄断法的法律责任制度都是按照威慑理论所构建的。从市场主体的角度看，如果违反反垄断法的规定，受到反垄断法的禁止，它所承担的风险非常大。正是在这一背景下，近两年市场主体越来越重视反垄断合规工作。从政府的角度看，也是非常希望推进反垄断合规工作，预防或降低可能对竞争构成损害的行为。在这一前提下，国家市场监督管理总局与其他主管部门已经开始推出大量的反垄断合规指引、反垄断合规指南，希望企业在从事各种市场竞争行为，包括知识产权行使

行为时，评估自己的市场经营行为是否会产生反垄断风险，并尽可能将风险降到最低。

对市场或企业的建议，孟雁北认为，要重视反垄断合规工作，增强反垄断合规的意识和能力，建立完善的反垄断合规管理制度，培养具有专业能力的反垄断合规人才。在企业内部运作的过程中，管理层的重视也非常重要。就反垄断合规的具体工作来讲，无论是知识产权，还是反垄断法，专业性及国际化程度都非常高，所以在建设反垄断合规工作的过程中，为了防止经营者因为违反反垄断法而陷入不利境地，企业要有一整套能准确地对反垄断风险进行预测、评估及控制的制度或机制。在这一过程中，企业还应实时地建立反垄断风险的内部预警机制。

总之，在反垄断合规这一问题上，无论是从政府主管部门、执法部门的角度，还是从市场、企业的角度，都希望反垄断合规工作可以有力地发挥预防违反反垄断法行为出现这一功能，从而更好地维护市场公平竞争，优化营商环境。

嘉宾介绍

——反垄断法领域杰出学者

孟雁北，中国人民大学法学院教授，博士生导师，中国人民大学亚太法学研究院副院长，数字经济竞争法研究中心主任，国家发展与战略研究院反垄断与竞争政策研究中心执行主任，曾兼任第三届国务院反垄断委员会专家咨询组成员，现兼任国务院反垄断反不正当竞争委员会专家咨询组成员。长期从事反垄断法、反不正当竞争法、产业法、外资法的教学和研究工作，曾被美国 Antitrust& Competition Policy Blog 网站评为反托拉斯法律与经济全球最具影响的 16 位女教授之一 (best of the best)。迄今已发表《我国〈反垄断法〉之于垄断行业适用范围问题研究》等论文和文章百余篇，单独或合作出版了《反垄断法》《中国〈石油天然气法〉立法的理论研究与制度构建》《管制行业反垄断执法问题研究》等著作、教材、译著五十余部。

访谈视频

扫码观看访谈视频

四、专利权的处置与运用

01

《中华人民共和国专利法》修改热点问题解读

采访时间：2020 年 11 月

编者按

2020 年 10 月 17 日，第十三届全国人民代表大会常务委员会第二十二次会议通过关于修改《中华人民共和国专利法》（以下简称《专利法》）的决定，于 2021 年 6 月 1 日起实施。此次修改内容包括加强对专利权人合法权益的保护、促进专利实施和运用、完善专利授权制度等方面。整体修改工作符合社会各界的期待，凝聚了知识产权领域各方共识。

《IP 大咖说》栏目组特别邀请中国社会科学院知识产权中心主任管育鹰老师，就《专利法》第四次修改工作中的热点话题展开探讨。

采访摘编

立法思路调整，推动科技创新，保护创新者权益

管育鹰在采访中谈到，此次《专利法》修改工作是在我国经济社会强调创新驱动发展、促进经济转型的战略大背景下所作出的决策，也恰好与《国家知识产权战略纲要》实施的时期（2008—2020）相重合。其主要目的是推动科技创新和运用，保护创新者的合法权益。

她表示，此次修法工作耗时相当长，其主要原因在于立法思路上出现了一些调整。最初的目的是加大执法保护力度，所以修改的重点偏向执法措施个别条款的调整。在修法的后半阶段，我国经济转型发展方向逐步明确，自主创新在经济社会发展中的作用越来越重要。因此在立法思路上也相应地进行了调整。除了加强专利权保护，还加入了完善外观设计和药品专利保护、促进科技成果转化与运用的相关内容。

《中华人民共和国专利法》体现社会最大共识，修订达到立法预期

令管育鹰感到欣慰的是，很多她之前关注的问题都在这次修法过程中得到了体现。如在加大保护力度方面，提高法定赔偿额、建立惩罚性赔偿制度，又如完善外观设计保护制度等。

其中，她特别提到了惩罚性赔偿制度。作为解决权利人维权、举证困难的方案，惩罚性赔偿制度的提出并没有引起社会各界过多的争论。但如今，该制度的实施将面临着怎样的实际效果则引起了广泛关注。对此，她认为，该制度的加入表明了我国对加强专利权保护、严厉打击恶意侵权的态度。同时，我们也要辩证地看待其实施效果。因为惩罚性赔偿是有条件的，首先要确认是否存在主观故意并且侵权的严重程度，其次需要计算被侵权人的损失，或者侵权人的利润，而这个“算”是在司法实践过程中一直存在的难点。惩罚性赔偿制度的实际效果仍然取决于尽力取证损害的基数，明确到底损失了多少，才能得到加倍的赔偿。所以，惩罚性赔偿制度一方面表明了对潜在的、严重的故意侵权的威慑态度，另一方面大幅度提高了故意侵权的赔偿上限，从而可以双管齐下地强化专利权的保护。

总的来说，她认为《专利法》文本高度体现了立法者的决策，凝聚了知识产权学界的讨论成果和产业界的期待，体现了社会最大共识，达到了立法预期。她相信，《专利法》的实施将会在引导我国社会整体重视科技创新领域的高质量发展、提升专利质量、保护创新者的合法权益方面起到重大作用。

嘉宾介绍

——知识产权法治之路探寻人

管育鹰，中国社会科学院法学研究所研究员，博士生导师，中国社会科学院知识产权中心主任。本科、研究生毕业于北京大学法学院，博士毕业于中国社会科学院研究生院法学系知识产权专业。从事知识产权法学研究、教学工作20多年，曾出版多部个人专著、教材、论文集，在国内外发表学术论文若干篇。

访谈视频

扫码观看访谈视频

02

《中华人民共和国专利法》第四次修改热点解读

采访时间：2020 年 11 月

编者按

2020 年 10 月 17 日，第十三届全国人民代表大会常务委员会第二十二次会议通过《全国人民代表大会常务委员会关于修改〈中华人民共和国专利法〉的决定》(以下简称《中华人民共和国专利法》)，于 2021 年 6 月 1 日起实施。此次修法涉及众多条款，为诸多产业的发展带来了积极的影响。《IP 大咖说》特别邀请中伦律师事务所合伙人张鹏博士，就《专利法》第四次修改工作中的热点问题展开探讨。

采访摘编

第四次《中华人民共和国专利法》的修改背景

采访中，张鹏表示，早在2014年下半年,《中华人民共和国专利法》第四次修改工作就已全面启动，前后历时6年。其时代背景是我国科技发展迅速，经济实力不断提升，专利制度需要调整以适应当前发展需要，尤其是提升创新创造活力的需要。从具体背景上看，2014年上半年，全国人民代表大会常务委员会在专利执法检查中发现的问题是启动此次专利法修改的动因，以期从制度层面解决这些问题的逻辑前提。同时，这期间的中美贸易战也为更好地思考和运用专利制度，提供了国际背景性的场景。

第四次修改《中华人民共和国专利法》中涉及的部分条款对不同产业所产生的影响

张鹏认为，专利法从基本属性来讲，既是一种私权制度，也是一种公共政策工具，很重要的一个方面体现为产业政策工具。具体到不同的产业，对于专利制度有着不同的需求，如信息通信产业，产品的专利密度非常高，竞争对手之间需要达成的许可样态多数是交叉许可。这种情况下，此次修改所引入的开放许可制度就为信息通信产业的发展提供了很大的帮助。同时，此次修改引入的部分外观设计制度，对于信息通信产业也将产生非常深远的影响。大家现在评价一部手机的质量，除了性能之外也包括其设计美感，很多时候就体现为它的图形、图标、相应的设计等，而这些在《中华人民共和国专利法》第四次修改之前是很难获得保护的。即使将带有图形用户界面的手机作为外观设计的保护客体，仍然可能在侵权判定过程中，由于缺乏直接侵权主体而使得间接侵权难以认定，从而不能得到保护。此次修改中引入的部分外观设计制度，就对图形用户界面设计者的保护起到了至关重要的作用。

此外，从医药产业的角度来看，在此次修改《中华人民共和国专利法》的过程中，无论是专利审查规则中关于补充实验数据的规则，还是相应的保护规则，对于医药产业都具有十分重要的影响。其中的专利链接制度，将使得药品的行政审批和专利权保护关系更加紧密，这将对医药大健康产业的发展产生积极的意义。

第四次《中华人民共和国专利法》修改的重要导向是促进专利密集型产业的发展

具体到张鹏本人所从事的领域，他认为主要有三方面的影响：第一，是对专利诉讼的影响。此次《中华人民共和国专利法》修改很重要的一个方面是加强专利的保护。无论是法定赔偿数额的提高，还是侵权损害赔偿判断标准的优化，以及惩罚性赔偿制度的引入，都标志着专利已进入强保护时代。未来的专利诉讼会越来越多，诉讼标的赔偿额会越来越高，这也将使得大家更加尊重专利权、崇尚专利权，更加把专利权作为企业的核心竞争力和发展的战略性资源；第二，体现在专利交易方面。资产只有运转、流转起来，才会产生价值和利润。所以，此次修法无论是开放许可还是专利交易的便利化，都将使得专利交易更加活跃，而这必然会带来专利价值的提升，包括市场价值、法律价值和创新价值；第三，专利制度与其他法律制度的衔接将更加紧密。这将引导专利向着质量越来越高、布局越来越完善的方向发展，知识产权的创造、服务和管理能力也将得到新的提升，而这些正是知识产权强国建设的基础。

嘉宾介绍

——探究法律原理、修习知产实务

张鹏，中伦律师事务所高级顾问，法学博士、知识产权博士后。获评“首批国家海外知识产权纠纷应对指导专家”，入选北京市知识产权专家库、北京市律师协会涉外律师人才库、烟台市知识产权专家库、深圳市首批海外知识产权维权援助专家库。从事律师工作以来，处理知识产权、反垄断与不正当竞争、WTO 国际贸易等领域大量重要案件。在知识产权交易、企业知识产权战略与企业知识产权管理方面具有丰富的经验。

访谈视频

扫码观看访谈视频

03

高价值专利对企业的影响

采访时间：2018 年 8 月

编者按

创新驱动发展和知识产权强国建设背景下，近年来，各级政府对高价值专利培育和运营的重视程度不断升级。在企业层面，通过高价值专利的培育和运营，筑就竞争防火墙，提升市场占用率和直接经济收益的杰出范例不断涌现。企业创科学技术之新，最终是为了实现经济效益之“兴”。企业如何通过高价值专利的培育与运营提升经营效益？知识产权网对话中国台湾省知识产权资深专家袁建中教授，听他来谈高价值专利对企业专利布局管理的影响。

采访摘编

分清目标与策略

袁建中在采访中表示，企业在谈知识产权管理时有一个非常重要的环节就是要首先分清目标和策略。“具体什么是目标，什么是策略？简单来讲，假设我们今天要去北京，那么，你去北京是一个目标，至于你要怎么去北京，可能是乘飞机、可能是搭高铁、可能是骑马、也可能是走路……这个叫策略。”他表示，当今，国内在做知识产权管理时，尤其是在做“贯标”的时候，常常只侧重程序方面的管理，而忽略了要达到什么样的目标。

定义高价值专利

当前我国十分重视高价值专利。公司只有明确了什么是高价值专利、明确了目标，才能跟进后续的管理策略，而对于高价值专利的定义，袁建中认为，所谓的高价值专利的“价值”，要从三个角度去考虑，即技术价值、市场价值、法律价值。“可是我们要知道，怎么认定一个东西有市场价值、技术价值、法律价值，这个评估的操作过程非常重要。我常讲，这三个价值之间有连带关系，比如市场价值和所谓的技术价值，到底是不是技术越好，代表它能够创造市场价值的可能性就越高？这显然是不一定的。也就是说，我们在评价这个东西时，要非常小心是否存在统计学上的共现性的问题。”

找准核心再布局

当我们确定目标、要做专利布局时，有一个很重要的原则就是要找到这个产品里面最核心、最关键的位置，然后布局专利，袁建中坦言，“大部分国内的产业，不是属于技术领先型的产业，而是属于技术追随型的。那些所谓的领先技术很多是由国外企业研发。所以还必须要符合第二个原则，就是那个避无可避的关键位置或核心位置，是你有能力做的，这样你可以去考虑专利布局的问题，而第三个原则，就是永远要站在竞争对手的角度来挑战本公司的专利管理，因为要保护的不只是这个市场，而是要如何防止竞争对手进入市场，或者如何把已经进入市场的对手排除出去，这才是所谓‘一个好的专利管理、好的布局’。总归一句话，当你了解了什么作所谓的‘高价值专利’，这个目标明确了以后，后面的策略才可以跟得上。”

嘉宾介绍

——专利预警分析实务专家

袁建中，作为中国台湾省知识产权资深专家，现任瑞智国际专利商标事务所副所长及台湾科技大学兼任教授，曾担任“台湾智慧财产局”咨询顾问；负责起草中国台湾省“计算机软件相关发明专利审查指南”，同时为该局“智慧财产培训学院”授课讲师并且连续数年被评为优良教师；作为台湾工业局“提升产业专利竞争力行动计划”的项目主持人，对于中国台湾省科技产业的专利国际竞争力作出实质的贡献；

长期实际从事企业知识产权管理实务工作，并且为多家大型企业知识产权管理咨询顾问及企业内训专家，如台积电、鸿海、宏碁、统一、光宝、友达、英业达、台达电、智邦、技嘉等；

自 2000 年起，受聘担任包括国家知识产权局、工信部、科技部等机构的咨询顾问；多次担任培训专家，如全国知识产权局局长知识产权战略研讨班、欧盟与中国智财保护计划、全国专利战略与经营管理巡回研讨班等。曾接受中央电视台人物专访，也是首位将专利预警分析的观念与做法引进国内的实务专家。

访谈视频

扫码观看访谈视频

04

技术研发与专利信息服务

采访时间：2017 年 8 月

编者按

近年来，我国专利信息服务业发展迅速。特别是随着大数据时代的到来，新兴行业和技术的不断涌现，专利信息服务在促进经济与社会发展方面发挥了十分重要的作用。

专利信息服务贯穿创新活动的全过程，对提升创新效益和产业竞争力具有至关重要且不可或缺的作用，同时也是企业应对专利侵权纠纷、进行海外专利布局、提升专利价值等战略决策过程中必不可少的内容。

知识产权网邀请知识产权出版社研究发展部朱欣昱主任，请他就技术研发与专利信息服务方面的经验作精彩分享。

采访摘编

知识产权网专利信息服务平台

朱欣昱在采访中表示，技术研发与专利信息服务是非常重要的环节。每一次新技术的产生或者变革，都会导致专利信息服务形式和内容的变化，如语义技术、云计算技术以及大数据技术。对于整个专利信息服务来说，我们必须要不断跟进技术的研发，才能不被时代所淘汰。目前国内外的专利信息服务平台众多，涌现出不少新产品，知识产权网专利信息服务平台作为国内出现较早、权威、人气高的专利检索平台之一，目前已拥有汉语、日语及英语 3 个版本。他还为我们介绍了知识产权网专利信息服务平台的特点和优势：第一，平台的中国专利数据相当权威；第二，整个平台的功能设置相对较专业，免费用户可以使用绝大多数的功能，针对收费用户的价格适中，在国内的同类产品中拥有性价比的绝对优势；第三，多年来平台一直秉承以用户体验为主的改进方向，坚持每年 3 ~ 4 次的功能改版。在维持用户习惯性的基础上，又能为用户不断提供新的功能，提升用户的体验，由此来看，也培养了很多的忠诚用户。

专利价值评估系统 P2I

知识产权出版社研发的产品“专利价值评估系统（P2I）”是国内

首个在线的专利价值评估平台，致力于成为挖掘专利这座“金矿”的有力工具。朱欣昱介绍，该平台是完全依赖大数据，完全自动化、智能化、客观化的一个系统，不受到任何人为主观因素影响，完全利用大数据模型来预测、分析专利的价值。他表示，近年全国专利运营工作开展如火如荼，专利运营中最核心也是最关键的问题就是专利价值的发现和评价。该系统能满足用户需求，可以整合到目前国内所有的运营平台中或运营服务的相关工作，有较好的市场前景。该平台可以帮助用户在海量专利中发现高价值专利，以统一和客观的标准使得用户对一件专利或一个专利池进行客观、公正的评价。

知识产权内容挖掘与服务重点实验室的研究方向及未来规划

朱欣昱表示，该实验室是在出版社领导的关怀下，由多个社内部门共同组建。其研究方向主要包含知识采集与管理、数据挖掘与数据加工、知识关联和知识图谱。目前实验室的研究内容主要是一些偏于技术层面的后端的研究，希望未来实验室能为社内相关知识产权服务产品提供最强的技术支撑。

2017 年是实验室运作的第一年，Inspiro 智能化检索和联想、中国高校知识产权运营平台、北京市科学技术委员会专利运营监控项目等已经提供了一系列的技术支持和成果的提供。

嘉宾介绍

——专利信息应用领域资深研究专家

朱欣昱，现任知识产权出版社有限责任公司研究发展部主任。博士，研究员。2016—2018 年度国家知识产权局杰出青年，国家知识产权局领军人才，全国专利信息师资人才，专利分析课题项目带头人，北京市知识产权专家库成员。新闻出版业科技与标准重点实验室技术负责人。

致力于专利信息化服务产品的研发创新工作，努力探索将先进科学技术同知识产权行业服务场景进行深度融合，打造出技术和业务相结合的优势型产品与服务。是 Inspiro 知识产权大数据智慧服务系统、P2I 专利价值评估系统、知识产权网专利信息服务平台等等出版社十余个信息化产品的主要设计者和研发负责人。带领研发团队创新研发了基于专利大数据深度挖掘的专利价值评估模型，多引擎结合的专利智能检索算法，基于神经网络的智能分类方法等多项核心技术，为知识产权出版社有限责任公司获得了四项发明授权和十余件软件著作权。

访谈视频

扫码观看访谈视频

05

专利信息利用与实务人才培养

采访时间：2017 年 11 月

编者按

随着我国知识产权事业的不断发展，专利信息利用工作越来越受到广泛关注，专利信息利用实务型人才更是供不应求。那么，如何培养专利信息利用实务型人才，如何让实务型人才为创新活动更好地提供支撑，成为行业内热议的话题。

知识产权网邀请知识产权出版社赵国璧老师就多年从事的知识产权培训工作，对专利信息利用与实务人才培养相关的内容作分享。

采访摘编

加强专利信息利用，关注高校专利实务人才培养

结合多年从事培训工作的经验，赵国璧在采访中表示：第一，要真正热爱培训行业、热爱培训工作；第二，所谓“打铁必须自身硬”，作为专利信息应用培训师资人才，要学习和积累专利知识，特别是对专利文献生产加工过程有较为深入的了解；第三，要注重行业信息的积累，不断关注行业内的重大事件、创新事件；第四，培训前要对学员的需求进行深入了解，再结合优秀的数据、平台、实际案例进行讲解，并让学员实际操作；第五，必须要有换位思考的能力，在不断培训的过程中发现自身的不足，进行自我改进和学习进步。

近年来，国内高校对于知识产权的重视程度日益提升。2017 年 11 月 23 日，由知识产权出版社主办、南京理工大学知识产权学院和南京中高知识产权股份有限公司承办的“2017 首届高校专利信息年会”在南京理工大学举行，年会以“专利信息利用助力高校专利实务人才培养”为主题。作为受知识产权出版社领导委派的首届高校专利信息年会的总协调人，赵国璧介绍，高校专利年会旨在搭建一个高校与企业、专利信息服务机构之间的关于专利信息利用和人才需求的共享交流互动平台，共同商讨企业知识产权部门、知识产权服务机构所需的专利信息实务人才，引导高校培育更多专利信息实务人才。

赵国璧坦言，当前大环境对专利信息实务人才的需求远大于供给，

高校作为培养专利信息实务大学生人才的天然基地，在提高大学生专利信息实务经验、增强在校大学生的就业优势方面，可以做出更多的工作和成绩。在条件允许的情况下，希望高校专利信息年会每年举办一次，可考虑以高校知识产权管理、知识产权运营、科研成果转化等为主题。希望未来有更多的知名大学、图书馆、知识产权学院、科研处的老师、中外知名企业的知识产权总监及更多的知识产权服务机构参与高校专利信息年会中，共同做好、做强知识产权的人才培养，促进行业发展，以助力知识产权强国的建设。

嘉宾介绍

——专利信息利用师资人才

赵国璧，正高级知识产权师，工科和知识产权法复合专业背景。国家知识产权局高层次人才，国家知识产权局首批专利信息利用师资人才，广东省地理标志专家库成员，知识产权出版社有限责任公司产品服务中心负责人。在核心期刊《中国高校科技》以第一作者发表文章《高校专利申请前评估工作的可实操性研究及典型案例评析》(2023年第3期)；合著图书《航空材料产业专利分析报告》和《华为你将被谁抛弃》；国家知识产权局2023中高端人才发展研究实践调研课题《中西部创新型中小微企业知识产权公共服务体系研究——以陕西西安知识产权公共公益服务为例》组长，国家知识产权局2021年课题《语义分析技术在专利审查业务中的应用研究》主撰写人之一，陕西省地方标准《专利申请前评估规范》主要起草人之一。具有近20年的知识产权大数据应用研究、知识产权高端咨询服务和知识产权信息利用实务培训工作经验。15余年的专利信息利用培训经历，培训次数超过500场，受众包括2000多家单位、10000多名学员；主导专利导航、知识产权评议等专题项目30多项。首届高校专利申请前评估研讨交流会发起人和总策划。

访谈视频

扫码观看访谈视频

06

共享充电宝专利战，解读来电与街电一审之争

采访时间：2018 年 7 月

编者按

随着市场竞争日趋激烈，围绕着共享充电宝的“专利战”也不断升级。2017 年 5 月，北京知识产权法院受理了深圳来电科技有限公司（以下简称来电）诉深圳街电科技有限公司（以下简称街电）专利侵权案。2018 年 5 月 25 日，该案作出一审判决。历时一年，来电诉街电专利侵权案一审终于尘埃落定。[1]这是迄今为止共享充电宝行业最大的一笔专利侵权赔偿，也是共享充电宝第一梯队商家之间的专利里程碑“战役”。

---

[1] 2018 年 5 月 25 日来电诉街电专利侵权案的一审出结果，本次采访时间为 2018 年 7 月，双方仅就一审结果进行交流。该案一审结束后，街电上诉至北京市最高级人民法院。后续案件走向可从其他渠道跟进，不在本采访讨论范围之内。

知识产权网《IP 大咖说》栏目特邀知乾知识产权咨询（北京）有限公司创始人华冰讲述来电诉街电专利侵权案及专利与科技项目投资的相关内容。

采访摘编

来电诉街电专利侵权案一审之争

共享充电宝作为“共享经济”的产物，已经融入人们的日常生活中。因此，来电与街电关于共享充电宝的“专利战”引发了社会的广泛关注。

2017 年 5 月，北京知识产权法院受理了该案。2018 年 5 月 25 日作出一审判决，判决街电侵犯来电两项专利成立，责令街电停止侵权行为并赔偿来电共计 200 万元。除此之外，街电要在 30 日内将市场上运作的本品牌充电宝收回，停止侵权行为。华冰认为，该案一审判决的影响远不止于街电的赔偿，而是责令街电自判决之日起 30 日内停止其产品在市场上的运营，这无疑对街电的注册用户、与街电合作的商家，以及企业本身都产生了很大的冲击。随后，华冰解析了该案中存在的争议。街电的投资人陈欧花了 1 亿元人民币购买了充电领域 3 项发明专利，然而，这 3 项发明专利在该案一审判决中并没有起到作用。华冰认为原因是陈欧没有买对专利，当我们在使用共享充电宝时是把充电宝租出来带在自己身边为手机充电，手机可以正常使用。然而，陈欧购买的专利均与手机电池相关。

来电诉街电专利侵权案的借鉴意义

在采访中，华冰就来电诉街电专利侵权案给我们带来的借鉴意义及科技项目投资应注意的事项分享了她的宝贵经验：第一，重视知识产权。身处创新创业的大背景下，很多创业者、投资人若想让自己的企业长远地发展或是不断增加效益，就要有重视知识产权、尊重知识产权的意识，利用专利这个法律工具来维护自身利益，或是增加投资收益。第二，用发展的思维确定技术方案，要懂得专利的真正价值所在。陈欧购买的专利中涉及了换电池的技术方案，然而原权利人在撰写申请文件时没有考虑到其他方案，在确定技术路线时也并没有想到在未来手机会与电池是一体的，无法分离也无须分离。这种情况下陈欧购买的专利已经与市场上的产品和技术脱离，随着社会的创新与进步，这个方案已经被市场淘汰，导致陈欧购买的专利虽然花费了大额的成本，其市场价值却不高。第三，专业人做专业事，提高专利申请文件撰写质量。很多人也认可该观点，但是知易行难，具体到某些日常工作的处理时就容易犯这样的错误，认为无论找谁，或是企业内的员工，或是某一个熟人就能把这件事情做好。实际上并非如此，尤其是在大额投资或是以某一项技术创业时，尽量请专业人士帮企业处理专利相关的工作。第四，视专利为一种法律工具，同领域企业间合作共赢，共同拓宽市场。华冰认为，无论是企业家还是投资人打官司的目的并不是把对方“打死”，尤其是在专利诉讼领域，应把专利视为保护市场竞争地位的一个砝码、一个谈判工具。来电与街电既是共享充电行业的竞争对手，同时也是拓宽市场、共同发展的兄弟。该案一审判决后，两家企业应该做的是共同商讨怎么达成合作，将共享充电行业做大，让公众对共享充电宝产生使用习惯，以此共赢。

嘉宾介绍

——专利领域的全能专家，提倡真专利真保护

华冰，“华冰聊专利”IP 主理人，知乾知识产权咨询（北京）有限公司创始人，北京智乾知识产权代理有限公司创始人，《中国科学报》专栏作者，《新华每日电讯》特约撰稿人，《华冰聊专利》作者，中国

专利诉讼代理师，北京市知识产权专家，首都专利代理行业师资，首都科技志愿服务联合会知识产权专家，北京市创新创业载体知识产权服务导师。

曾就职国内知名专利代理公司、咨询公司和运营公司，具有丰富的专利挖掘布局、顶层设计、咨询、培训和知识产权质押贷款经验，兼任多家创新企业、创新孵化器知识产权顾问。完成原创文章300余篇，累计阅读量逾500万次；完成培训300余场，累计学员超100万人；完成视频制作200多个，累计播放量逾100万次。

访谈视频

扫码观看访谈视频

07

司法审判专利侵权的难点

采访时间：2019 年 11 月

编者按

近年来，随着社会各界对知识产权的重视程度逐步提高，知识产权保护意识也不断增强，国际上各领域的知识产权纠纷也随之出现。面对这些侵权行为，原创者们需要付出大量的时间和金钱成本方能有效维权，而通过维权所获得的收益却相当有限。知识产权案件的审判与民事、刑事和行政案件一样，已经成为我国法院最主要的业务内容之一。知识产权审判不仅具有一般民事审判的特点，同时还因其技术性强、技术领域不断拓展等因素而具有特殊性。由于新技术带来的新问题使得知识产权的司法审判有时会走在立法之前。因此，不断总结知识产权司法审判的实践经验以尽量避免法律滞后所造成的司法不一的问题，是十分必要的。

知识产权网特别邀请江苏省知识产权保护与发展研究院副院长、司法中心主任姚兵兵，请他来分享专利侵权审判难点的相关问题。

采访摘编

专利审判中的难点

专利审判中最重要、最难的环节是相关技术事实的查明。技术事实的查明要先确定专利保护范围，而专利保护范围是通过权利要求来确定的，权利要求不仅涉及技术，同时也涉及法律。姚兵兵表示，“如何准确地确定专利保护范围，这是专利审判中最难，也是最重要的一点。”

姚兵兵还提到，专利审判的难点问题之一是知识产权举证难。举证难主要是因为侵权产品有时无法从市场上直接获得，特别是涉及工艺、生产方法时，权利人很难发现这些侵权行为。对于如何解决举证难的问题，他认为，除了加大专利权人申请证据保全的力度外，还应采取律师调查令。

另一个社会关注的热点、难点问题是损害赔偿问题，赔偿低是当前的最大问题，也是专利保护中仍然没有改观的问题。在专利审判实践中，赔偿证据采取从宽认定的形式。这对于权利人是有利的，在具体计算方法上也从有利于权利人的角度选取。这个过程需要权利人积极取证并提供相应证据，证据不完整时，法院会根据当事人对产品的技术贡献率合理地确定相关赔偿。

近几年，高额赔偿案件逐年增多，赔偿额度大幅提高，这在很大程度上有利于弥补权利人的损失。权利人可以依法提供相应的侵权获利证据从而在法律上对被告的实际获利给予认定，最终将这些侵权获利作为赔偿以弥补因侵权遭受的损失。

如何减少专利权的滥用行为

当谈到专利权滥用的问题时，姚兵兵说："专利权的获得需要申请、确权、授权三个步骤，在这一过程中，符合专利'三性'[1]的技术方案能够通过审查。除此之外，发明专利需要实质审查，而实用新型专利和外观设计专利则采取形式审查，很多人利用这一制度把并不符合专利'三性'的技术方案或外观设计拿去申请专利，从而引发专利滥用的问题。"他还表示，在司法审判实践中，对于权利不稳定、明知是他人现有技术的形式上的专利，会通过禁止滥用诉权加以规制。专利权滥用问题还涉及反不正当竞争法的相关内容，比如滥发警告函、对竞争对手进行干扰、限制竞争等。

最后，姚兵兵谈到，在全球化背景下，各国都在利用知识产权来保护创新，只有对创新成果进行充分的保护，才能够形成市场竞争力。

---

[1] 专利"三性"指新颖性、创造性和实用性。

在全球技术合作的大环境中，各国加强自身建设的同时也要和其他国家进行技术合作，以此共同推进全人类的技术发展。

嘉宾介绍

——江苏省审判业务专家

姚兵兵，曾任南京知识产权法庭庭长，二级高级法官。现任江苏省知识产权保护与发展研究院副院长、司法中心主任。江苏省审判业务专家，江苏省知识产权领军人才，南京师范大学法学院、南京理工大学知识产权学院兼职教授，南京大学、东南大学、华东政法大学知识产权学院硕士生导师，中国国际经济贸易仲裁委员会网上争议解决中心专家，中国知识产权研究会理事，江苏省版权协会和江苏省文艺著作权维护中心顾问。

审理过各类知识产权纠纷案件，具有丰富的审判经验。同时注重实务与学术研究，在《专利法研究》《知识产权》《中国版权》《中华商标》《科技与法律》《科学学研究》《中国发明与专利》等发表论文50余篇，出版《专利法体系化判解研究》等。

访谈视频

扫码观看访谈视频

08

人工智能技术助力下的专利转化运用路径

采访时间：2024 年 7 月

编者按

未来，知识产权出版社将紧紧围绕国家关于专利转化运用的相关政策，积极拥抱人工智能技术带给我们的时代变化，探索将专利链融入创新链、产业链、人才链、服务链的具体路径，促进创新资源要素的有效流动和高效配置。

本期视频是由知识产权出版社有限责任公司文献出版研究发展处副主任程序带来的“人工智能技术助力下的专利转化运用路径”主题分享。

采访摘编

在党的二十届三中全会上，通过了《中共中央关于进一步全面深化改革、推进中国式现代化的决定》。其中，明确提出要“完善高校科技创新机制，提高成果转化效能”，并且要“深化科技成果转化机制改革，加强国家技术转移体系建设”。专利作为科技成果的重要表现形式，转化运用是其价值体现的关键环节。随着人工智能技术的发展和深入应用，生产力水平相应得到提高，发明创造领域也迎来了新路径。

知识产权网《IP 大咖说》栏目特别邀请知识产权出版社有限责任公司文献出版研究发展处副主任程序，与我们分享“人工智能技术助力下的专利转化运用路径”的相关内容。

我国专利转化运用的背景以及模式

程序介绍，目前，我国有多种专利转化运用形式，主要包括自行运用、专利转让、专利许可、质押融资、作价入股、资本化、证券化等。《2023 年中国专利调查报告》显示，我国发明专利产业化率达 39.6%，连续 5 年稳步提高，其中企业发明专利产业化率首次超过 50%，并且产学研合作发明专利能为企业带来更高的经济价值。但从 2022 年的数据看，单独就科研单位和高校而言，其发明专利产业化率还存在较大差距。

2023 年 10 月，国务院办公厅印发《专利转化运用专项行动方案（2023—2025 年）》，对专利转化运用进行专门部署，提出到 2025 年推动一批高价值专利实现产业化的总体要求。在此基础上，国家知识产权局会同有关部门共同制定了《高校和科研机构存量专利盘活工作方案》，从盘活存量和做优增量两方面，着力解决高校和科研机构“不愿转”“不会转”的问题。

目前人工智能技术在知识产权行业中的应用方式

程序表示，人工智能技术正深刻影响着知识产权行业的方方面面，在通用大模型基础上叠加海量专利数据和行业知识库，进而形成针对垂直领域的行业大模型已成为更多信息服务商的选择，从智能分类、智能问答、智能检索、智能总结、智能撰写等各个角度重塑产品应用的更多可能性。此外，由于知识产权数据形式的多样性，例如基本的文本和图像数据，以及商标中可能存在的声音数据，都为多模态技术的应用提供了基础，在图生文、文生图等功能拓展方面提供了广阔的想象空间。

程序还以智能问答、智能总结为例进行说明。他表示，智能问答为了降低产品使用门槛，增强人机交互的智能化和扩展性，基于生成式人工智能的对话式交互方式已成为主流趋势。用户通过自然语言的方式与系统交互，快速得到围绕目标问题的技术解决方案，拓展思路，并且可对技术路径进行溯源，重点分析相关核心专利。再比如智能总结，由于专利文件的篇幅普遍较长，如何快速理解其中的关键信息就成为一个核心问题。目前，业内普遍从专利要解决的技术问题、所采取的技术手段、所达到的技术效果等方面对专利进行智能总结，这大大提高了用户的阅读效率，并为后续进一步利用这些总结数据提供了基础。

知识产权出版社围绕专利转化运用的供给侧和需求侧所做的工作

程序介绍，根据《高校和科研机构存量专利盘活工作方案》，出版社在高校和科研机构存量专利的盘、评、转等方面都开展了具体实践。此外，出版社还构建了集科创成果力、专利质量力、持续增长力、创新转化力、人才建设力于一体的科技“五力”模型，全面评价科技型创新型中小企业的科技创新能力，帮助筛选具有一定技术研发能力和专利产业化基础的高成长性中小企业，提高其融资效率和融资规模。同时，在解决轻资产初创型企业发生不良贷问题，需要进行专利处置时，基于大模型和语义检索的专利供需对接模型也能有效地为其提供转化运用方向，降低贷后风险。

未来，出版社将紧紧围绕国家关于专利转化运用的相关政策，积极拥抱人工智能技术带来的时代变化，探索将专利链融入创新链、产业链、人才链、服务链的具体路径，促进创新资源要素的有效流动和高效配置。

嘉宾介绍

——专利产业化深度践行者

程序，高级知识产权师，知识产权出版社有限责任公司研究发展部副主任，国家知识产权局高层次人才及首批专利信息师资人才。曾主持研发专利检索、分析、评估、预警等多个专利信息应用系统，牵头构建了知识产权出版社涵盖五大系列30余款产品的全生命周期产品体系。近年来，主要致力于建设聚焦专利、企业、产业、人才的知识产权大数据评估体系，打造面向产业的专利产业化产融协同平台。负责知识产权内容挖掘与服务重点实验室的日常研发管理工作，负责知识产权金融联合创新实验室、知识产权金融创新研究院的模型研发工作。作为主要执笔人或统稿人被评为优秀研究人员，累计开展各类省部级课题研究12项。其中，国家知识产权局学术委员会2012年度一般课题“基于TRIZ理论的专利分析方法研究”被评为优秀课题。

访谈视频

扫码观看访谈视频

五、知识产权服务

01

知识产权大数据资源建设

采访时间：2017 年 7 月

编者按

近年来，大数据时代催生了知识产权大数据的到来。2016 年，我国全年共受理专利申请 346.5 万件，受理商标注册申请 369.1 万件，作品著作权登记量达到 200.7 万件……这仅是我国一年的知识产权数据。从全球范围看，数量更是惊人：过去 50 年，全球的专利总量已超过 1 亿条。这些海量数据包含着丰富的知识产权信息，是一座巨大的“金矿”，同时也对人类的数据驾驭能力提出了新的挑战，如果对这些数据进行采集、管理、处理，并整理成为对企业经营决策具有参考价值的资讯，对我国创新驱动发展将具有重大作用。

对此，知识产权网有幸邀请到知识产权出版社数据资源管理中心主任陈学方，为我们介绍世界各知识产权局专利数据资源现状与我国所处的地位、知识产权出版社数据资源建设的现状等。

采访摘编

世界专利数据资源的情况

陈学方在采访中介绍，世界范围内专利数据资源一般是各国的专利公报和说明书通过数字化加工后形成的各种专利数据资源。专利数据资源主要包括 3 种类型：发明专利、实用新型专利和外观设计专利。产品形态包括著录项目和文摘、全文文本、全文图像，还有一些辅助的检索数据，包括同族、引证等。近几年机器翻译的技术发展较快，各国都在做机器翻译的工作，机器翻译的数据也成为大家关注的数据资源的焦点。由于各国专利制度不同，其数据范围也不太一样，数据量因申请量不同也存在差异。

目前尚未有一个数据库能涵盖全世界所有的专利数据。比较大的数据库是欧洲专利局的专利数据库 DOCDB，包括 100 多个国家和地区的著录项目和文摘数据，以发明专利为主，现已超过 1 亿条，数据量还是比较庞大的。

专利数据资源获取渠道

专利数据资源获取目前主要有两条渠道。一个是世界各国的知识产权局、专利局等，它们会把出版的专利说明书制作成数字化产品，通过数据开放或建设专利信息检索系统等方式为公众提供数据或提供免费专利信息检索服务。另一个是相关的服务机构。例如，在韩国由专利信息院负责数据的服务工作，这些数据基本上都是基础数据。还有一部分是商业服务机构，它从各国专利局拿到数据之后进行商业化加工处理，形成高增值的数据再进行销售，比较典型的有英国的德温特公司所做的深加工数据。目前，知识产权出版社也在做各种数据加工，如药物数据加工、运营数据加工和政策数据加工等。

知识产权出版社数据资源建设情况

与其他机构不同的是，知识产权出版社承担着两部分工作：一是作为中国专利文献的法定出版机构出版中国专利公报和说明书，形成及时、权威、高质量的数据，为国家知识产权局国际数据交换及数据应用提供支撑。二是作为一家商业服务机构为公众和商业机构提供数据服务。这些数据服务一方面是基于对中国专利文献数据的深度加工处理，包括机器翻译形成的以中国专利数据为核心的增值化数据体系，另一方面是基于 2012 年以来大数据的兴起，以专利、商标等知识产权数据为核心建立了知识产权大数据服务体系，涉及的数据包括专利、商标、版权、标准、裁判文书、期刊等数据。截至 2017 年，总数据量超过了 3 亿条，数据种类超过 200 种，数据容量超过 200T。

陈学方表示，要支撑这么庞大的数据，知识产权出版社目前是按照“三位一体”的体系来管理。

首先是从制度上保证数据资源的管理和使用是合法合规的。通过制定相关管理办法保证了数据的制度化和规范化。早在 2013 年，知识产权出版社就制定了两项管理办法：一个是数据资源管理办法，确定了数据资源管理的主体和存储主体等；另一个是数据资源借阅、使用管理办法，各部门要借阅和使用的数据必须通过规范流程获取。

其次是建立从数据的收集、管理、加工、服务到质控的一整套工作流程和体系，并进行信息化支撑。例如，2017 年完成的数据资源管理平台建设就是保证提供数据的高效和高质量的服务。

最后是数据的支撑体系。包括独立的第三方质检体系和研发体系，通过多重体系保证数据质量的可靠性。此外，在数据的应用方面有数据研发团队，保证数据在未来的应用方面能始终走在行业前列。

嘉宾介绍

——知识产权数据资源建设领军人物

陈学方，知识产权出版社有限责任公司数据资源管理中心主任，副研究员，国家知识产权局第三批高培人才，长期从事数据资源建设相关工作，作为主要研究人员，参与国家知识产权局学术委员会课题和高培发展研究平台课题 7 项。先后十余次前往美国、日本、欧洲、韩国等国家和地区参加相关领域的国际会议、国际交流与培训，在数据资源建设领域有较丰富的管理和实践经验。

2009 年 6 月，被国家知识产权局学术委员会评为 2008 年度“学术委员会优秀研究人员”，所参加研究的课题被评为国家知识产权局学术委员会 2008 年度优秀课题、第六届全国知识产权（专利）优秀调研报告暨优秀软科学研究成果三等奖。

2009 年 10 月，所撰写的论文《欧洲专利局的专利文献数据处理与维护及其借鉴意义》在国家知识产权局专利局第三届处级领导干部优秀论文评选中获得优秀奖。

2013 年以来，主要从事知识产权大数据资源的收集、管理和相关体系的构建工作。作为主要人员参与制定完成 Inspiro® 中国知识产权大数据与智慧应用服务系统数据资源规划、国家知识产权运营公共服务平台数据资源规划。此外，作为项目负责人，组织实施了知识产权出版社有限责任公司知识产权大数据与智慧管理平台（DM）的建设。

访谈视频

扫码观看访谈视频

02

数据信息保护中的知识产权保护

采访时间：2023 年 8 月

编者按

随着全球数字化转型的飞速发展，数据已成为新时代最重要的生产要素之一。作为国家的基础性战略资源，数据不仅是推动经济社会转型发展的强大助力，还关系着国计民生的方方面面，其安全问题不容小觑，而大数据、人工智能等技术手段的运用在经济领域快速蔓延的同时，数据安全合规问题也由此生发。至今，国家已出台多部相关法律政策，明确了收集、使用数据等行为的规范和要求。

采访摘编

我国数据保护现状

陈福在采访中表示，从数据立法现状方面看，主要由《中华人民共和国数据安全法》《中华人民共和国个人信息保护法》《中华人民共和国网络安全法》三部基本法律对数据进行保护，除此之外，各部委、最高人民法院也会出台有关法规、司法解释来规范和保护数据。

从数据司法现状看，很多涉及数据的案件是以不正当竞争的方式对数据进行保护，也有部分案件是以个人信息的方式来保护数据。目前有很多应用程序在运行过程中会收集个人信息，随之可能出现侵犯个人信息的情形，进而就会有个人去主张权利，但又由于软件涉及的个人信息较多，以个人信息的方式进行保护或维权比较困难，所以目前大多是以检察院提起公益诉讼的方式来解决出现的法律问题。

从数据执法角度看，中华人民共和国工业和信息化部会颁布相关执法案例，其中包括一些处罚措施，也会定期公开部分违规 APP。同时，中华人民共和国国家互联网信息办公室也会颁布相关处罚措施，可见国家加大了数据合规方面的处罚力度。

网络是数据的基石

陈福表示，从数据发展的阶段看，现在的数据主要是基于互联网而产生，并存储于网络空间中。既然它存储于网络空间中，那么离开网络，数据就无从谈起，所以从这一角度看，网络是数据的基石。

以知识产权方式保护数据的呼声最高

陈福表示，数据和知识产权具有可复制性这一共性。知识产权和数据又与物权不同：物权是谁占有这个物，谁就能使用这个物；但知识产权和数据可能有不同的人持有一个知识产权或不同的数据，数据本身具有可复制性。此外，数据和知识产权一样具有无形性，看不见摸不着，只有经过一定的方式去保护数据才会更加合适。基于此，陈福认为，通过知识产权方式保护数据更合理，也更有利于数据的流通。

嘉宾介绍

——以知识产权方式保护数据的开拓者

陈福，北京大成律师事务所高级合伙人，中国政法大学法学博士，中国政法大学欧盟法研究中心研究员，北京中医药大学国家中医药发展与战略研究院岐黄法商研究中心研究员，北京大学“法律硕士（涉外律师）培养项目”授课教师，多次荣登 Asian Legal Business、The Legal 500、LegalOne、LEGALBAND、律商联讯、道金斯、律新社、强国知识产权论坛等国内外知名评级机构关于数据、知识产权、生物医药等领域的榜单。

访谈视频

扫码观看访谈视频

03

知识产权数据普惠开放的机遇与挑战

采访时间：2023 年 9 月

编者按

2023 年 9 月 14 日，国家知识产权局举办新闻发布会，解读《知识产权公共服务普惠工程实施方案（2023—2025 年）》。国家知识产权局公共服务司司长王培章介绍道，印发该实施方案目的是实现政策普惠公平、服务普惠可及、数据普惠开放，促进知识产权公共服务覆盖更广、效能更高、服务更好、体验更优，让想创新的人有公开便捷的路径找到公共服务，让能创新的人有公平均等的机会享受到公共服务的政策红利。

为此，特邀清华大学理学博士，超凡知识产权股份有限公司数据与咨询产品事业部总经理蒋涛就如何理解数据的普惠开放、知识产权数据的普惠开放所带来的机遇与挑战及如何应对等相关话题与我们分享他的见解。

采访摘编

知识产权数据普惠开放的好处或意义

蒋涛表示，以往公众获取知识产权数据的途径相对有限，如今数据普惠开放，首先，有利于公众更低成本地获取相关数据，也有利于国家知识产权局公共服务平台的建设。其次，数据是信息的载体，而专利数据等一些知识产权数据是特殊的创新成果的载体，所以促进知识产权数据开放、使创新信息产生流动，有利于产生更多的创新成果及知识产权。最后，在专利运营方面，数据的普惠开放对于专利的交易、转化，也有一定的促进作用，并且有助于催生新的商业模式。

知识产权数据普惠开放的机遇与挑战

谈及知识产权数据普惠开放会给知识产权乃至更广泛的领域带来的机遇与挑战，蒋涛从四方面进行了介绍，即数据的拥有者，专利创新的发明人；数据的消费者，也就是它的使用者；数据的服务者和数据的运营者。数据普惠开放对数据拥有者最直接的影响是促进了信息的流动，进而促进交易转化，通过交易转化最终使得发明人受益。蒋涛认为最大的数据消费者是企业和科研机构，企业相对来说更重要。

作为创新主体的企业研发人员，首先需要有数据应用的动力，了解数据的价值，知道专利在他们的创新成果中能够起到推动和促进的作用。此外，企业的研发人员还需掌握一些基础的数据使用技巧，如简单的专利信息提取和分析方式、知识产权数据库的特点、数据的特点等，从而能尽快地掌握、使用这些数据。在整个知识产权体系中，知识产权服务机构是数据的服务者，他们会在普惠开放的数据的基础上，对其进行更广泛、更深入的加工。比如构建专题数据库，以前是通过有门槛的特定数据库来获取数据，数据普惠开放后，这一门槛就消失了，研发人员、企业、一些投资机构等不再需要通过商业数据库便可以获得基础数据。与此同时，服务机构在数据的加工、分析、运用能力方面，需要投入更多的人力、精力用于数据的深加工，这在一定程度上也促进了服务机构对人才培养、自身知识产权运用能力的提升。数据普惠开放这一庞大的工程背后，一定需要一个强大的数据运营团队，在一定程度上也促进了数据运营行业的发展。可见，数据普惠开放会对整个知识产权业态发展产生深远的影响。但是在解决具体问题时，知识产权从业者还需要有更深入的思考，为未来的挑战做好准备。

蒋涛还强调了数据安全问题。他认为需要对数据进行划界，比如在数据开放或数据服务的过程中，一定会有公共服务或企业服务。相对来说，公共服务的数据更基础，大家都能获得，且不涉及竞争。一些企业数据经后期加工后，就会涉及企业内部的研发工作，可能会引发商业竞争行为，这时就要对数据进行分级。在数据普惠开放的过程中，开放的一定是基础数据，对于可能会涉及数据安全的数据，要提高其保密等级以防止泄密。

嘉宾介绍

——知识产权检索、分析领域资深专家

蒋涛，清华大学理学博士，现任超凡知识产权股份有限公司数据与咨询产品事业部总经理、电池行业技术总监、资深检索分析师。多年从事专利分析、专利导航、侵权分析、专利稳定性分析及专利挖掘等服务工作，具有丰富的专利检索、分析和运营服务经验，专注领域包括锂离子电池、燃料电池等。

访谈视频

扫码观看访谈视频

04

“互联网+”模式下的知识产权文献翻译

采访时间：2017 年 11 月

编者按

随着人工智能技术和机器翻译技术的发展，机器翻译的准确率大大提高，专利文献的传播和应用也越来越广。在专利文献的应用尤其是世界专利文献的应用方面，将极大地促进专利文献的传播，提高专利生产的效率，同时也能激发企业创新的动力，使企业走出去的渠道越来越畅通便捷。

知识产权出版社语言服务部主任胡新华做客知识产权网，就近些年文献应用方面的发展和互联网下知识产权翻译的相关问题作了介绍。

采访摘编

从最早的专利文献数据化加工到现如今的专利文献的翻译服务，都是知识产权出版社根据社会需求和企事业单位对文献数据应用的需要对文献做出的不同层次的加工。随着知识产权出版社世界专利数据的增多，且包含多语种，对于应用者来讲存在很大的语言障碍，知识产权出版社将数字化文献进行了语言统一，从文献的数字化加工到专利文献的翻译都是根据社会需要、企业用户的需求，对专利文献做进一步加工以方便用户的使用。

知识产权出版社翻译事业部主要涉及三方面的服务：第一，专利文献机器翻译的研发；第二，为企事业单位提供知识产权语言服务；第三，知识产权领域的人才培养，尤其是专利翻译领域的人才培养。胡新华表示，目前翻译事业部拥有自己的研发团队，能提供针对专利文献进行深度定制的机器翻译研发服务。

在互联网下的知识产权翻译中，“I 译 +”和“I 译课堂”成为翻译事业部的王牌产品，胡新华介绍，“I 译 +”平台自 2015 年上线，经过一年多的运营于 2016 年升级成为知识产权语言翻译服务领域的“淘宝”，希望更多有知识产权翻译需求的用户可以通过这个平台获得知识产权语言的服务，进行专利翻译的生产。目前，“I 译 +”已经聚集了大量知识产权语言服务的人才。共享经济时代，“I 译 +”希望将译员共享，让企业到平台上来工作，希望平台能聚集更多的服务方和需求方，借助知识产权出版社的力量使知识产权语言服务更加规范、健康地发展。

目前，我国尚处在知识产权人才培养的断层期，无论是知识产权师资人才还是培养机构都是匮乏的，在此背景下翻译事业部研发了“I译课堂”。“I译课堂”课程包括知识产权法律、知识产权文献知识、专利翻译课程，其中专利翻译是主要课程之一，包括专利的英汉翻译、汉英翻译、不同领域专利文献翻译以及专利翻译实务等多门专利翻译课程。“I译+”和“I译课堂”重点培养专利翻译人才，现在面向的合作院校主要是具有翻译硕士专业的院校，为企业在高校里培养具备实战经验的知识产权翻译人才。

对于未来专利翻译事业的发展方向，胡新华表示，通过“I译+”平台可以看出，现在的翻译行业和技术是分不开的。“I译+”平台借助互联网技术和人工智能技术，力求提升翻译行业的效率和准确度。

嘉宾介绍

——专利翻译技术的推动者

胡新华，副研究员，知识产权出版社有限责任公司语言服务部主任，知识产权翻译项目资深主理人、头条学堂“金钥匙计划”——高校数字媒体方向双师型教师。先后主持中国专利数据初加工项目、多引擎OCR数字出版项目、国家知识产权局“知识产权数字出版平台”等课题，组织研发“I译+知识产权语言服务平台”“I译课堂”等互联网知识产权翻译平台、地理标志数字经济语言服务人才培养平台，参与《翻译技术简明教程》《专利语言服务实务》等多本图书编写，并在多所高校担任翻译硕士研究生校外导师。

访谈视频

扫码观看访谈视频

05

一起走进"i 智库"智库研究报告的前世今生

采访时间：2017 年 11 月

编者按

"i 智库"和"i 智库学园"作为知识产权出版社咨询培训部的对外品牌，依托强大的数据资源和专业的知识产权咨询培训服务团队，为用户提供各种专利信息咨询服务。2014 年"i 智库"团队策划了面向公众的知识产权研究报告系列，开创了业内非定制报告的先河。对此，我们邀请到时任知识产权出版社咨询培训部副主任、正高级知识产权师、国家知识产权局高层次人才谢虹霞博士，就"i 智库"智库研究报告的选题、内容、形式等作相关介绍。

采访摘编

i 智库的诞生

谢虹霞在采访中介绍，关于智库研究报告，大概可以追溯到 2014 年。那时候的知识产权出版社刚刚在研发中心咨询组的基础上整合成立了咨询培训中心。以前的咨询组对外的业务基本上都是面向地方政府的一对一的定制类报告，可以说在地方局系统是小有名气的。不过对于社会公众来说，很多人还不知道知识产权出版社有咨询这项业务。所以随着咨询培训中心的成立，如何把团队的咨询能力展现给公众是整个部门一直在思考的问题。恰逢其时，“i 智库”品牌诞生了。

i 智库的知识产权咨询服务

提及“i 智库”品牌向公众推出的第一个产品或者说服务，谢虹霞坦言，结合自己之前的一些工作经验和对咨询行业的理解，咨询培训中心当时想到了面向公众推出一些非定制类的报告。谢虹霞表示，其实可以看出，在整个大咨询领域，非定制报告业务已经相对较成熟了。如麦肯锡、德勤、普华永道等，每年都会向社会公众推出一些比较有影响力的行业类的、科技类的非定制报告，而知识产权出版社乃至整个知识产权咨询领域这一块业务基本上还属于空白，所以咨询培训中心团队成员提出了可否做知识产权咨询领域的第一份或者说是第一批的非定制报告，而它的出品方就是“i

智库”团队，我们给它们起了统一的名字——i 智库研究报告系列。

三年来“i 智库”对外发布了近 20 份智库研究报告，人民网、国家知识产权局官网、中国知识产权报等媒体都对此进行过报道。其中，最受关注的莫过于 2014 年开始发布的《中国专利运营状况研究报告》系列，该报告基于对专利转让、许可、质量情况的详细统计，用翔实生动的案例，定期向公众分析中国专利运营情况的发展趋势，在社会及行业内引发很大反响，相关研究成果更于 2015 年、2016 年连续两年被收录至国务院知识产权战略实施部级联席会议动态中。

2018 年开始，该系列报告在国家知识产权局专利管理司（现知识产权产权运用促进司）的指导下，站在政府的角度，构建了更加完善的指标，加入了更丰富的内容，目前《中国知识产权运营年度报告》已经成为国家知识产权局定期向公众发布的重要指标数据之一。

嘉宾介绍

——传播知识产权智慧，助力政企发展决策

谢虹霞，正高级知识产权师。现任知识产权出版社有限责任公司知识产权服务部副主任，中国人民大学管理学（信息服务与分析方向）博士，法国马赛三大经济情报联合培养博士，法国科西嘉大学访问学者（经济情报方向），国家知识产权局第六批高层次人才，全国专利信息师资人才。擅长知识产权咨询、专利分析、专利信息利用及培训、互联网领域专利分析等；发表专利检索分析、知识产权服务相关论文20余篇，独著及参与编写经济管理类出版物9本。曾经任职百度公司高级商业分析师。

访谈视频

扫码观看访谈视频

06

媒体融合为知识产权文化传播带来新动力

访谈时间:（2024 年 6 月）

编者按

宣传思想文化工作，是现代化国家建设的重要组成部分。媒体作为文化宣传的主阵地，对知识产权文化建设起着至关重要的作用。新时代知识产权文化建设的重点任务之一，是要着力构建知识产权大宣传格局。要继续深入学习贯彻习近平新时代中国特色社会主义思想，深入学习宣传贯彻习近平文化思想，以习近平总书记重要指示和全国宣传思想文化工作会议精神为指引，进一步做好知识产权领域宣传思想文化工作。要大力宣传知识产权文化，提升社会公众知识产权意识，让崇尚创新和保护知识产权的理念在全社会蔚然成风。讲好中国知识产权故事，树立和展示文明大国、负责任大国形象。突出媒体融合发展技术优势，通过打造覆盖境内外的全媒体平台新闻传播矩阵，及时回应国内外关注的知识产权热点议题。

为此，知识产权网特邀知识产权出版社网络管理中心副主任、高级知识产权师王之娟就媒体融合助力知识产权文化传播的相关内容与我们分享她的见解。

采访摘编

媒体融合赋能知识产权文化传播更广泛更高效

媒体融合是指传统媒体与新兴媒体在传播渠道、内容、技术等方面的融合。在知识产权文化传播方面，媒体融合可以发挥重要作用。通过融合不同的媒体形式和渠道（如报刊、电视、广播等传统媒体与互联网、微博、微信、手机端应用程序、视频平台等新媒体的融合），更广泛、更高效地传播知识产权文化。

王之娟表示，近年来，智能手机的普及开启了移动互联时代的大发展，人们逐渐通过手机端访问互联网信息，和传统的互联网对比，这种移动新媒体的运用更为便捷，其在一定程度上摆脱了上网时间、地点的限制，人们可以随时随地查询并处理自己想要的信息。与人们生活联系比较紧密的移动新媒体有微博、微信、短视频平台等。知识产权文化传播通过微博、短视频等媒体融合平台，全民参与、互动可达到更广泛的传播效果；通过微信、APP、视频号等媒体融合平台的传播，可将信息精准投放给目标用户，使得知识产权文化在朋友圈中更有效地被关注与扩大。

媒体融合助力知识产权文化传播形成强大宣传合力

媒体融合可以促进知识产权文化在全社会范围内的普及，提高公众对知识产权的认知度和尊重度。借助媒体融合，可以形成跨媒介、跨平台、跨行业的宣传矩阵，实现知识产权文化的全方位、多角度传播。通过整合各类媒体资源，可以制作高质量、有影响力的知识产权文化作品和节目，吸引更多受众关注和参与。

王之娟认为，首先，媒体融合可以有效地整合各种资源，包括融合不同传播载体，邀请科技、文化、艺术领域专家、代表等，组织访谈、讲座等线上线下相结合的活动，进一步扩大知识产权文化的影响力。其次，媒体融合可以实现多元化的知识产权文化宣传形式。传统媒体以文字和图片为主要传播方式，而新兴媒体则可以通过视频、音频、互动等方式呈现宣传内容。通过新媒体与传统媒体的融合传播，使知识产权文化的宣传形式更加多样化。最后，媒体融合可以增强知识产权文化的宣传效果。传统媒体的宣传效果往往受到传播方式和覆盖范围的限制，而新兴媒体在传播形式上比较灵活和生动，宣传内容更贴近公众。通过媒体融合，可以将传统媒体与新兴媒体相结合，形成强大的宣传合力，进一步增强知识产权文化的宣传效果。因此，媒体融合在助力知识产权文化传播方面发挥着重要作用，通过整合各类媒体资源、制作高质量作品、形成宣传合力，进一步推动知识产权文化在全社会范围内的普及和发展。

媒体融合在知识产权文化传播中的创新举措

2021年，数字技术有关事项被纳入国民经济和社会发展第十四个五年规划和2035年远景目标纲要。2022年1月，国务院发布的《“十四五”数字经济发展规划》再次提出深化人工智能、虚拟现实等技术融合，建设数字化消费新场景。这些新部署源于近年来虚拟数字技术和虚拟数字人引发的持续关注。我国的知识产权文化传播要推动数字技术在知识产权文化融合传播中的应用。

知识产权线上展厅，是知识产权文化运用数字技术和虚拟现实技术构建的在线展览空间，也是虚拟数字技术与互联网融合传播的一次大胆尝试与创新。2020—2024年，国家知识产权局连续五年组织搭建全国知识产权宣传周线上展厅。线上展厅的展示形式和内容不断丰富与完善，由之前单一的VR虚拟展厅，发展为VR实景+VR虚拟展示、真人+虚拟角色互动，视频、动画、图文互动结合的形式，在PC端和移动端介绍国家知识产权局的相关工作。公众通过线上展厅可以身临其境地沉浸式参观国家知识产权局，了解政策信息、体验办事流程，在游戏中学习知识产权知识。线上展厅打破时间和空间限制，实现24小时在线不闭馆，打造北京与地方分会场展示空间，全国各地多方联动，广泛开展知识产权宣传工作，成为线下活动的有力补充。正如国家知识产权局局长申长雨在2020年全国知识产权宣传周开放日活动致辞中所说："所有这些，都是希望更多人走进国家知识产权局，了解知识产权工作，感受知识产权魅力，参与和支持知识产权事业发展。"通过线上虚拟展厅，让更多的人们感受到与开放的国家知识产权局更为亲近。

在王之娟看来，新技术的融入让知识产权文化的传播更为生动有趣，突破传统图文给人的被动感受，知识产权线上展厅让受众可以有更好的视觉体验与沉浸感，结合生动的配音、动画、音乐、视频等，让更多人主动去体验、认知知识产权，拉近了知识产权与大众的距离。同时，这种新的融合传播形式突破固有受众群体，让更多的社会公众关注、了解知识产权，参与到转发、宣传、推广知识产权的队伍中来。

数字技术可以促进知识产权文化的创新发展，通过数字藏品的方式，将知识产权文化与现代科技相结合，形成新的文化业态。数字藏品基于区块链技术，每件藏品都有唯一的数字标识，可以防止伪造和侵权。这种唯一性使得数字藏品具有很高的收藏价值，同时也为知识产权的保护提供了强有力的支持。它同时还可以作为一种文化传播的载体，将知识产权文化传播到更广泛的人群中。通过数字藏品的流通和展示，可以让更多的人了解和欣赏知识产权文化的独特魅力和价值。2023 年全国知识产权宣传周期间，国家知识产权局联合文化和旅游部邀请绘画、篆刻领域知名艺术家，为 2023 年全国知识产权宣传周精心创作了《知识产权文化在身边》主题活动系列作品——王冠军工笔画作品《平谷大桃》、骆芃芃篆刻作品《诚信》。两款藏品，每款 4260 份，国家知识产权局作为发行方，于 2023 年 4 月 26 日上午 8 时，在新华社客户端、时藏平台限量免费发行。王冠军通过工笔画作品

《平谷大桃》，呼吁大家尊重和保护知识产权，不仅保护地理标志，也重视对艺术创作作品的保护。艺术创作需要诚信，更需要知识产权的保护，更好地保护才能成就更多的作品，传承更好的技艺。骆芃芃的篆刻作品《诚信》，呼吁大家营造“诚信守法”的知识产权文化氛围，尊重和保护知识产权。两位艺术大师的作品通过数字藏品的形式免费公开发布，公众不仅收藏了大师的数字艺术作品，还感受到了知识产权文化的独特魅力，学习了作品背后的知识产权文化知识。

目前正是媒体和 AI 融合发展之际，未来，在新闻播报、主持、二次元虚拟主播等方面，AI 应用都是很好的创新应用和技术发展方向，虚拟主播也将会随着技术的发展具备更多的技能。在知识产权文化传播中应用 AI 虚拟主播技术，也将逐渐出现在大众的视野。王之娟提到，国家知识产权局政务快手号发布的“IP 播报”系列视频，由 3D 虚拟卡通角色“知宝”担当虚拟主播，每周“知宝”都会不间断地送上一周知识产权的大事记，用生动的语言拉近了知识产权与公众的距离。此外，通过真人与虚拟主播互动的形式，进一步创新传播形式。如“知宝”对话系列短视频，是 3D 虚拟主播与真人互动的短视频，虚拟主播“知宝”通过生动活泼的语言和肢体动作与审查员展开聊天式对话采访，画面呈现出自然生动的效果，极大地吸引了用户的关注。

虚拟主播作为新兴的传播形式，给知识产权文化的传播带来了创新。通过虚拟形象和人工智能技术的结合，能够模拟人类主播的语音、形象和行为，以更加生动、形象的方式进行信息传播。这种新颖的传播形式在知识产权文化传播中具备独特的优势。王之娟认为，首先，虚拟主播可以大大提升新闻播报的观感效果。区别于传统新闻主播，虚拟主播的形象通过可爱的动画形象、卡通化的语言表达、个性化的设计与表现，提高播报的观感效果。虚拟主播还根据特定季节和节日进行变装，通过个性化的设计提升用户的观感体验。此外，制作技术上可以实现真人与 3D 虚拟角色的结合，虚实结合、生动有趣。其次，虚拟主播不会受到疲劳、情绪等因素的干扰，出现失误、口误等情况，从而可以提高新闻播报的可靠性。最后，虚拟主播可以降低新闻播报的成本。传统的新闻播报中，需要雇佣主播和相关制作人员，耗费大量的时间和人力成本。虚拟主播可以通过数字化的方式进行制作和播报，大大降低了制作成本和时间成本，提高了节目的效率和可靠性。

新时代我国知识产权文化建设迎来了大繁荣、大发展时期。政府高度重视知识产权的保护与发展，出台了一系列政策文件和法律法规，为知识产权的创造、运用、保护、管理和服务提供了有力的制度保障。媒体融合为我国的知识产权文化传播带来新动力，助力知识产权文化传播形成强大宣传合力。知识产权文化通过媒体融合互通的传播形式，优势互补，同音共律，充分发挥了新时代知识产权文化融合传播的优势，吸引了更多群体关注、了解知识产权，不断提高全社会的知识产权保护意识，为加快知识产权强国建设营造良好氛围。

嘉宾介绍

——知识产权文化融合传播的探索者与践行者

王之娟，知识产权出版社有限责任公司网络管理中心副主任，高级知识产权师。现任国家知识产权局政府网站及政务新媒体快手号运维项目负责人；国家知识产权局线上展厅、智能问答、数据可视化等项目负责人；知识产权出版社有限责任公司官网、官微、视频号、抖音号以及知识产权网“两微一端”等新媒体平台运维负责人；原创视频访谈栏目《IP 大咖说》制片人。参与国家级课题“国家财政资助的科技成果转化法律问题研究”；发表《5G 时代下的媒体融合》等论文。工作中不断开拓进取，在知识产权行业打造了一支新媒体运营团队，积极构建内容新颖、形式多样、融合发展的知识产权文化传播矩阵，为知识产权强国建设贡献力量。

访谈摘编

扫码观看访谈摘编

六、商标与著作权保护

01

企业“走出去”商标品牌保护战略探讨

采访时间：2018 年 7 月

编者按

近年来，随着我国经济持续快速发展，企业“走出去”的规模不断扩大，越来越多的中国企业开始走出国门，参与国际竞争中。我国对商标品牌的发展也愈加重视，商标品牌的发展势头良好。与此同时，企业商标品牌的建设开始发挥越来越重要的作用，企业可以通过商标品牌的保护管理，确定优势、发挥所长，从而提升商标和品牌的价值。

知识产权网特邀中国商标专利事务所总裁张海燕先生，请他跟我们一起来探讨企业走出去的商标品牌保护战略。

采访摘编

合理制定商标品牌战略　助力企业“走出去”

张海燕在采访中表示，企业和国家都有一个战略，我们要么不重视，要么就会把它上升到过于高的高度。它其实一定要服务于整体战略，应该是发展战略、国家战略、企业战略下面的品牌战略。围绕着品牌战略，无外乎要夯实基础，只有具备坚实的基础，才可能走得远，站得高。目前中国的环境决定它有三条路必须要走，一是产业必须转型升级。我们现在已经可以看到一个现象，就是很多便宜的东西不是中国造，而是东南亚周边国家在制造。产业的转型升级，无外乎要拥有技术和品牌，有更多的附加值。通过品牌形成一定的垄断，让客户在鉴别中间增加附加值。二是要走出去。我国与世界上发达国家相比仍存在差距，正因为有差距，所以我们不能一开始就和最强的对手竞争，我们要找到更需要我们的，更适合我们的。三是中华民族要立于世界，就一定要实现全球化。张海燕坦言，中国企业首先要清晰自己的战略，企业是否一定要走出去，未来计划走到哪，今年走到哪，明年走到哪，要根据企业自身情况进行合理的规划和预判。

在采访中，张海燕还提到，北京知名豆腐乳品牌在德国被抢先注册，而且和它的经销商有关，这是典型的缺乏规划的案例。当该品牌在德国发现被抢注时，心态发生改变，意识到必须要反击，结果花费几十倍、上百倍的费用争取回来。目前，全球做一个简单的商标品牌保护也需要花费几十万元，甚至是百万元。中国企业在这方面通常缺乏眼界和战略，他建言，企业走出去一定要有前瞻、有目标，要根据自己的战略，规划五年、十年，甚至是二十年之后的事，这样才能走得更加稳健。

嘉宾介绍

——中国商标专利事务所总裁

张海燕，中华商标协会人才与教育专业委员会执行主任，中国商标专利事务所有限公司董事。定期在北京交通大学等高校开展相关的知识产权专题讲座，针对大学生创新创业中可能涉及的公司法、知识产权法、商标法等相关法律问题以案释法，促进大学生创新创业成果走入市场。

2005 年，创建北京倍增知识产权代理有限公司。北京倍增知识产权代理有限公司是一家专注于中国高端知识产权法律服务的专业机构，经过十余年的发展，其服务客户遍及国内外众多大中型企业，包括众多知名电商企业，并成功为阿里巴巴集团“双十一”商标维权。

2014 年至今，分别以个人及中国商标专利事务所的名义，慷慨捐资设立“北京大学张海燕奖学金”及“中国商标专利事务所奖学金”，与北京大学同育英才，共筑宏基，回报社会。

2016 年至今，担任中国商标专利事务所有限公司总裁，公司开始拓展全产业链发展，于 2017 年成立了北京国爱律师事务所，公司至今拥有分支机构 10 余家，致力于打造受信赖的全球一流知识产权服务商。公司发展互联网知识产权服务商运营模式，打破传统型知识产权代理机构面临的重大挑战，逐步实现发展模式的优化升级。

访谈视频

扫码观看访谈视频

02

第四次《中华人民共和国商标法》修改热点探讨

采访时间：2018 年 7 月

编者按

为强化知识产权创造、保护和运用，切实提高商标知识产权审查质量和审查效率，商标局将启动《商标法》修改工作。为此，知识产权网特别邀请中央财经大学法学院教授、博士生导师、博士后合作导师，中央财经大学知识产权研究中心主任杜颖，就第四次《商标法》修改、商标恶意抢注、地理标志保护等社会关切话题进行了解读。

采访摘编

修法背景：为适应国内自身发展需要

杜颖介绍，我国《商标法》此前共经历过三次修改。其中 2001

年第二次《商标法》修改的主要目的是为了满足入世的需要，所以我们当时许多制度的修改是为了履行入世承诺的。2013 年的修法则更多是基于我们自身发展的需求而做出的一次制度的修改。从现在来看，2013 年修改时所设定的目标现在基本上都已完成，可以说是一次比较成功的修改。

自 2013 年起，中国社会形势发生了很大的变化。为了适应我国自身的发展需要，商标法律调整也必须随之作出一些变化。这也是这次修法最根本的目的。

具体来看，以下三大方向都是此次《商标法》修改需要着力解决的问题。

从商标大国到品牌大国。我国目前经济发展连续保持高增长态势，中国经济发展的转型期已经到来，正在从强调速度转向强调质量，商标法律制度也是这样的节奏。以前我们强调量，所以我国连续十几年的商标注册量都是世界第一，但是我们现在强调的是商标品牌的质量。此次《商标法》修改的导向就是从商标大国到品牌大国的转型。

注册程序便利化改革。目前政府正在转变职能，提出的一个关键词就是“放管服”。在此指导下，商标法律制度特别是注册审查制度的便利化改革被提上了非常重要的地位。此次《商标法》修改的重点在于提高商标审查的效率同时兼顾质量，所以第四次启动的《商标法》修改也会在商标注册程序上做一些改变。

加强商标保护。知识产权制度从源头上来看是外来制度、舶来品。通过多年来我们对知识产权制度的构建和相关宣传，无论从国家层面、企业层面还是社会公众层面，尊重知识产权、加强知识产权保护的意识已得到逐渐加强。第四次《商标法》修改的宗旨还有一项就是加强对商标权的保护。

当然还有其他层面，比如有更多的企业要“走出去”，配合企业“走出去”的发展战略和设计，可能要做一些制度上的调整，这也是这次修法的关注点。

个人关注：便利化改革和商标的使用

谈到具体的商标法律制度，杜颖也提出了她比较关注的两个方面。

一是商标注册便利化改革。目前我国的商标审查制度、商标异议制度及商标争议评审制度等很多方面都在进行讨论，可以进一步优化、简化程序。关于之前谈到的商标注册便利化改革制度，商标局其实已经做了一部分工作。早在 2013 年《商标法》第三次修改时，就已经对商标异议、商标评审、商标争议的评审期限都作出了明确的规定。配合着这些举措，此次修法在程序方面还要作出改进。改进的宗旨就是缩短期限，提高效率。其中就包括取消相对事由的审查、异议制度的改造等，甚至还可以做行政一审这样的考虑。当然这里的具体规则可能就比较复杂了，总体来看就是想将商标局和商评委中的程序进一步简化，加快审理速度，缩短审查周期。

二是商标注册的本质是使用。截至本次采访时间，我国的商标注册量已经达到 1492 万件，放眼世界是当之无愧的商标大国。但是在国际上有影响力的大品牌并不多见。我们距离品牌强国还是有一定差距的。所以在商标法律制度构建的过程中，还需要引导品牌建设，强调商标的使用，而不是注册后不使用。在商标法律制度下一步的改革中，需要着力关注注册制模式下如何强调商标使用制度。在程序方面主要从异议制度改革入手，加快审查速度，缩短审查周期。在实体内容方面，重点关注如何改进现有的商标的使用制度，例如注册制模式下既强调商标注册取得商标权，又强调商标注册是为了商标使用。通过强化商标使用，达到品牌声誉的积累。

国外制度可借鉴

杜颖坦言，目前我国异议程序成本比较高，耗时比较长。在异议制度的改造上，可以借鉴欧盟、日本等国家或组织等在审查程序设计上的经验。

此外，在注册制模式下如何塑造商标使用制度的问题，也可以从美国、日本和欧洲等国家得到一些非常有效的启发。例如，在商标的申请阶段，需要提供商标使用或是意图使用的证明。在商标注册有效期内，为了保持商标的有效性，很多国家规定要在一定时间内提供商标已经使用的证据，才能维持商标的有效性。在商标的续展期间，一些国家也要求必须提供商标使用的证据，以证明其继续使用的真实意图。

面对恶意抢注：看清制度本质

商标抢注现象要从两个角度来分析：一是该现象意味着越来越多的人认识到商标注册的价值，商标的价值甚至品牌的价值越来越被认可。二是建立商标制度的初衷是为了使用，而不是牟利的工具。商标制度目前基于该目的，也从侧面反映了我国整个市场的诚信经营的环境是比较欠缺的，从根本上讲应该遏制恶意抢注的现象。

其实从几年前开始，恶意抢注的现象就已经受到了社会各界的广泛关注。在学界、业界的讨论中也提出了各种办法去遏制恶意抢注。对此杜颖认为，首先要回归到商标法律制度的本质，那就是强调使用，可以借鉴国外比较有效的规则引入我国的商标法律制度中。但是从根本上讲，要改变这种态势仅从商标法内部规则的构建上不能完全起作用，还要考虑是否要引入民事法律制度的其他的一些规则，比如对恶意抢注行为进行民事赔偿责任的设定，甚至施加惩罚性的后果，这就可能考虑到民事法律制度中的损害赔偿甚至惩罚性赔偿制度的引入。与此同时，也要在全社会倡导诚信经营的理念，只有整个市场营商环境向好变化，才能从根本上遏制这种态势。

地理标志保护“三足鼎立”

从历史上来看，我国对地理标志的保护，一直是“三足鼎立”的态势，也可以说是“三驾马车”，即由农业农村部、质监部门和商标局三方管辖。商标局主要负责地理标志证明商标和集体商标。这“三驾马车”并不是平行向前并驾齐驱的，而是有强有弱，各有特色。但这种制度其实带来了很大问题，如某一个地理标志可能选取三种不同的保护模式，向三个机构都提出了申请。它的主体不同、程序不同、性质不同，最后的法律效果不同，导致的保护力度也不同。目前机构改革之后，质监部门和商标局都在国家市场监督管理总局的管理之下。这确实是一个好的契机，在完善地理标志保护的全面性制度方向上可以有所作为。

杜颖表示，说到地理标志保护，不得不提地理标志精准扶贫，其初衷是把地理标志送到偏远落后地区，通过此路径让偏远落后地区的潜力发挥出来。因为地理标志本身具有高附加值，农产品其实质量很好，资源也很丰富，但是由于没有这样一个标志，它就会很难走出来。所以借着此次《中华人民共和国商标法》第四次修改的契机，可以考虑在商标局已经开展的通过地理标志精准扶贫取得成果的基础上，进行进一步的梳理，将地理标志精准扶贫工作深入下去。

嘉宾介绍

——法骨柔情　学无止境

杜颖，中央财经大学法学院教授、博士生导师、博士后合作导师；中央财经大学知识产权研究中心主任、数字经济与法治研究中心联席主任。中国知识产权法学研究会常务理事、中华商标协会理事、中国知识产权研究会理事、北京知识产权法研究会常务理事、最高人民检察院听证员库入库专家、北京市人民检察院行政诉讼监督研究基地研究员、北京市人民检察院听证员库入库专家、北京仲裁委员会/北京国际仲裁中心仲裁员。北京大学法学博士（2000）、美国耶鲁大学 LL.M.（2007），曾在美国哥伦比亚大学、英国诺丁汉大学、日本新潟大学访学。目前主要从事知识产权法学教学与科研，已出版个人专著两部，单独撰写知识产权法和商标法教材两部，合著教材多部，独撰《商标法》教材获评 2021 年北京高校优质本科教材。在中外法学核心期刊上发表论文百余篇，翻译出版了英日译著多部，主持和参与国家级、省部级课题三十余项，应邀出席并多次在国际学术会议上发表演讲。

访谈视频

扫码观看访谈视频

03

非常规商标保护实务分享

采访时间：2018 年 9 月

编者按

随着品牌经济的蓬勃发展和市场竞争的日趋激烈，为了让商标标识更好地承载品牌特性，很多企业不满足于将商标局限于常规的可视性平面要素，开始不断寻求其他感官认知。立体商标、颜色组合商标、声音商标等非常规商标越来越多地进入公众的视野。作为商标实务界的热点话题，非常规商标越来越受到行业同仁的广泛关注。

知识产权网特别邀请到北京三友知识产权代理有限公司合伙人孙庆华女士，就非常规商标保护的相关知识与大家分享。

采访摘编

非常规商标的概念

谈及非常规商标的概念，孙庆华表示，非常规商标是相对于常规商标而言的，常规商标中大家比较熟悉的就是一些文字、图形、数字及这些要素的组合，这些都是日常比较常见的，称为常规商标。非常规商标是指常规商标之外的一些商标。非常规商标在国际上有两种分法，一种是可视性的标志，另一种是非可视性的标志。可视性的标志包括颜色商标、立体商标、位置商标及全息商标等。非可视性的标志包括声音商标、气味商标、一些味道商标或者触觉商标，都是看不到的，均属于非常规商标。可视性和非可视性的标志，构成了非常规商标的概念。目前在中国还不是所有的非常规商标都接受申请，目前我们国家《中华人民共和国商标法》[1]第八条中有明确规定的能够接受申请的非常规商标只有立体商标、两种颜色以上的组合商标和声音商标这三种。前文提到的像位置商标、全息商标、触觉商标、味觉商标及单一颜色商标，目前在中国都是不接受申请注册的。

孙庆华在采访中特别分享了一个典型案例，是她所在的团队在2016年代理的罗森便利店的颜色组合商标，该颜色组合商标是一个特别典型的非常规商标。众所周知，颜色能够成为商标，从而起到区别商品或服务来源的作用，必定要经过长期、大量的使用，让消费者通过颜色的配

[1] 此处商标法指2013年《中华人民共和国商标法》。

比，便能够识别这个商品或者服务来源于某个主体。“比如罗森便利店，其统一的门头颜色配比经过长期的使用，已经能够起到商标的作用，让消费者远远地看到这个门头，就能够识别出是罗森便利店”。她在接受采访时表示，这个案子在实际办案的过程中重点是证据的整理。类似这种颜色组合商标的审查，进入实审后，商标局一般会发《商标注册申请审查意见通知书》（答复期限：纸件申请 15 天，电子申请 30 天），要求申请人提供颜色组合商标用于指定服务上的使用证据，用以证明这种颜色的配比经长期使用可以起到商标的作用。在提交颜色组合商标注册申请时，商标局的申请书上并不要求提供证据材料。但是处理过颜色商标申请的代理人一般知晓这个流程，会提前与申请人沟通并准备证据材料。待收到官方的《商标注册申请审查意见通知书》的时候，就能比较从容且全面地提供材料答复官方，最终能够比较顺利地取得权利。

嘉宾介绍

——商标领域资深实务专家

孙庆华，中华商标协会认证的首批特级商标代理人，现为北京三友知识产权代理有限公司合伙人，毕业于中国人民大学法学专业。自2002年起从事知识产权法律工作，积累了丰富的实践经验，为众多知名企业提供了出色的商标保护方案，赢得了广泛好评。擅长根据客户需求提供全方位的商标保护策略。精通各类商标事务，包括商标检索、注册、变更、异议、无效等，并成功主导了多起商标收购案，如日本某知名乳品品牌收购案，并参与处理了日本知名调音台品牌的侵权投诉。此外，为多家企业及行业组织提供商标知识培训，并在业界担任多个专业协会的职务，如首都知识产权服务业协会“商标专业委员会”副主任委员、北京商标协会常务理事等。

访谈视频

扫码观看访谈视频

04

地理标志保护热点问题解读

采访时间：2019 年 11 月

编者按

我国历史悠久、幅员辽阔，拥有丰富的地理标志保护资源。地理标志保护对推动区域特色经济发展、助力乡村振兴、传承传统文化、促进对外开放具有重要意义。2018 年机构改革之后，负责地理标志工作的职能转移到了国家知识产权局，在以往地理标志不同保护模式的基础上，建立协调统一的地理标志保护制度就成为非常迫切的立法任务。

《IP 大咖说》邀请国家知识产权局知识产权发展研究中心首席研究员顾昕，就地理标志统一立法问题为我们进行解读。

采访摘编

地理标志统一立法的主要任务

地理标志保护对推动区域特色经济发展、助力乡村振兴、传承传统文化、促进对外开放具有重要意义。2018 年机构改革之后，负责地理标志工作的职能转移到了国家知识产权局，在以往地理标志不同保护模式的基础上，建立协调统一的地理标志保护制度就成为非常迫切的立法任务。地理标志统一立法的主要任务《知识产权强国建设纲要（2021—2035 年）》中明确提出，要“健全专门保护与商标保护相互协调的统一地理标志保护制度”。

“公说公有理，婆说婆有理”

支持专门法模式的专家认为，专门法模式的保护体系能够更好地保障地理标志产品的质量标准，同时由于多部知识产权国际条约中的“地理标志”概念专指专门法模式，大部分国家对于“地理标志”约定俗成的理解也是指专门法模式，所以提出我国构建地理标志统一立法应以专门法模式为基调。

另一方面，支持商标法模式的专家则认为专门法模式的保护是“无牙之虎”，远不如基于商标权可以主张民事救济、申请行政执法，甚至满足条件时还能获得刑事救济，这些商标法模式擅长的保护手段都是专门法保护所欠缺的。《中华人民共和国民法典》第 123 条也明确将地理标志作为独立的知识产权客体。如果不将地理标志作为商标权这样的私权理解，就明显与《中华人民共和国民法典》的规定相冲突，所以相对应地提出我国构建地理标志统一立法应以商标法模式为基调。

对地理标志统一立法模式的建议

无论欧盟选择地理标志专门法保护模式，还是美国选择商标法保护模式，都是基于自然禀赋及不同时期的产业发展政策所作的选择。我国历史悠久、幅员辽阔，既有产地范围已经固定，又有更多的适合欧盟农业化生产方式的地理标志产品，如福建的武夷岩茶；也有适合美国工业化生产方式的地理标志产品，典型例子是广西的柳州螺蛳粉。

建议在制度上延续既有专门法也有商标法两种保护模式的设计，兼顾农业化生产方式的精品性和工业化生产方式的普惠性，供地理标志管理者自由选择。这既是我国地理标志发展的内在需求，也为对接欧盟和美国两大经济体提供相应的制度接口。

商标法模式基于区域品牌化的理念鼓励市场化发展，产品来源于产地范围即可，不严格要求质量特色标准，通过规模化发展实现最大收益，而专门法模式则定位在保留具有当地风土和人文特色的产品，严格要求特色品质标准，通过提高单品溢价的方式保障农业相关主体的收益。

嘉宾介绍

——知识产权法律研究专家

顾昕，法学博士，现任国家知识产权局知识产权发展研究中心首席研究员。国家知识产权局数据知识产权工作专班成员、北京数据知识产权专家智库专家、江苏省数据知识产权地方试点专家咨询指导小组专家、山西省数据局“数据要素 ×”专家人才库专家。中国科协学会服务中心科技法律专家、中国科协财政项目评审专家、中国技术经济学会知识产权专委会理事、中国科学学与科技政策研究会知识产权政策与管理专委会委员。

访谈视频

扫码观看访谈视频

05

加强地标保护运用，培育高质量国际地标人才

采访时间：2023 年 9 月

编者按

在高质量落实《中欧地理标志协定》《区域全面经济伙伴关系协定》、加强地理标志产品互认互保的国际背景下，地理标志工作面临着重要发展机遇。如何更好地发挥人才对地理标志产业高质量发展的引领作用、强化地理标志保护运用，是促进我国地理标志事业发展的重要方面。

广东省地理标志专家库专家、暨南大学社会科学部副教授李静做客知识产权网《IP 大咖说》栏目，就“加强地标保护运用，培育高质量国际地标人才”主题进行精彩分享。

采访摘编

国际化人才培养是重中之重

李静表示，我国的地理标志产业发展虽然还处在初级阶段，但是未来的潜力和前景是无限的。作为一名大学老师，她认为国际化人才培养是我国地理标志产业发展的重中之重，地理标志是乡村振兴的重要抓手，人才振兴是乡村振兴的首要任务。她带领的团队在地理标志人才国际化培养方面进行了一些探索，如团队已经实践了一年的“国际地理标志未来领军人才培养计划”（以下简称“培养计划”），已培养出三十名硕士研究生和本科生。该计划创新性地就地理标志全产业链、全生命周期的理论和实践进行整体的规划与人才培养。每位学生会常年跟踪、关注广东省内、国内、国际三个区域的地理标志产品案例，其中广东省内和国际的案例都涉及进入中欧地理标志产品互认互保名单的产品。此举对于学生而言，可以拥有更高水平的理论基础和研究方向。同时考虑到学生培养的方向，培养计划将学生分为四个小组，即立法建议小组、司法维权小组、评价标准小组和品牌运营小组，每个小组将地理标志的理论和实践相对应的领域进行细分和深入地研究。

鼓励学生关注国际立法动态

李静介绍：“比如立法建议小组，就会首先让学生系统地了解国际地理标志立法的发展历程。培养计划的指定教材中有一本是我们最新翻译出版的《地理标志法的重构》，此书的作者是牛津大学法学院教授——德夫 · 甘杰（Dev Gangjee）。在这本巨著中，对地理标志国际立法的进展与动态作出了系统的分析，对于学生理论水平的提高是很有帮助的。同时，我们还会让学生对国家最新的立法动态进行逐条翻译，并进行释义及案例分析。在这一过程中，学生们对国际地理标志立法会有新的思考。此外，我们也有实践性的实操训练。受广东省人民代表大会常务委员会法工委的委托，我们对《广东省地理标志条例》进行了逐条释义和案例分析。每位学生对这一条例的立法背景和建议稿都有了深入理解，同时对于它未来适用的典型案例也作出了分析。培养计划是一种能很好地将国际立法动态和中国实际相结合，且能够落地的培养模式。”

运用地理标志　助力乡村振兴

李静坦言，在培养计划实施的过程中学生会有两个尝试，一是品牌运营小组的同学会对地理标志产业融合进行具体分析；同时，老师会带学生进行原产地的实践调研。比如新会陈皮的产区如何细分，新会柑和新会陈皮二者如何辨识，对于新会陈皮三年陈化的标准和要求，如何进行法律上的论证和分析，以及在市场、消费者中如何进行鉴别，老师对学生做了很多引导。此外，还会组织学生参观新会陈皮的博物馆，对其进行品鉴。在这一过程中，学生发现新会陈皮的产值已达到较好的市场预测，预计能达到百亿元以上产值。而且新会陈皮给予了大众对美好生活的向往，有助于提高生活品质。

还有一个非常典型的三产融合案例。在广东省河源市连平县上坪镇有一个很好的地理标志产品叫连平鹰嘴蜜桃。连平鹰嘴蜜桃的外观，其感官特征特别明显，很像一个鹰嘴，而且它在“三月赏花、七月品果”已经形成了共识。连平鹰嘴蜜桃在上市时得到了广东省及全国消费者的喜爱。学生在进行实践调研时发现连平鹰嘴蜜桃的地理标志专用标志核准使用企业中，有一家企业特别有典型性，名为连平县趣田野生态农业有限公司。该企业负责人之前在深圳工作了五年，他看到家乡的地理标志产品发展得特别好，就辞职回到连平老家，在经营民宿的同时又将地理标志产品连平鹰嘴蜜桃做了农旅综合体的运营。每年桃花盛开时，会举办赏花节、桃花节。在桃子上市时游客可以认领桃树，此举也是很有意义的。在这一过程中，消费者与生产者会直接进行对接，该模式也带动了当地文旅产业的发展。

高质量国际地标人才培养未来可期

提及地理标志国际人才的培养，李静认为这是未来地理标志产业发展中一个特别基础的课题，也是需要对学生以及从业人员的本土意识和国际视野进行整体规划的一个方向。随着中国对地理标志的理解和认识越来越深刻，对地理标志产品的美誉度也越来越接纳和欣赏，在人才培养的过程中，她相信未来会有更多的高校老师和从业人员关注这一领域，能够将培养地理标志国际人才的事业推向更高的发展阶段。

嘉宾介绍

——广东省地理标志专家库专家

李静，法国农业国际合作研究发展中心（CIRAD）访问学者，英国伯明翰大学国际商法LLM，法学博士，应用经济学博士后，现为暨南大学国际地理标志研究中心负责人、社会科学部副教授，广东省地理标志专家库专家；

主要研究方向为知识产权（地理标志），擅长领域为地理标志国际法律制度、乡村振兴战略与农产品地理标志保护、地理标志保护的政府参与及行业自治、地理标志产品的电子商务营销与国际推广，为国家、省、市、县各级知识产权局开展多场地理标志专题培训讲座。在《中国法学》《新华文摘》等权威及核心期刊发表学术论文多篇，获全国法学教材与成果奖三等奖，参与或主持多项国家级和省部级课题，出版译著《地理标志法的重构》等，参与多项团体标准的起草工作。

访谈视频

扫码观看访谈视频

06

地理标志保护热点问题探讨

采访时间：2020 年 11 月

编者按

2020 年 9 月 24 日，国家知识产权局公布了《地理标志产品保护规定（征求意见稿）》（以下简称征求意见稿）及其修改说明，并向社会各界征求意见。征求意见稿在现行《地理标志产品保护规定》基础上进行了修订，旨在有效保护地理标志，保证地理标志产品的质量特色。《IP 大咖说》对话浙江大学光华法学院教授张伟君，听他谈地理标志保护中的热点问题。

采访摘编

强化地理标志保护　推进地理标志协调与统一

关于地理标志保护，张伟君在采访中分享了自己最关注的问题。

他表示，“地理标志”是一个外来的法律概念，很大程度上是我国加入世界贸易组织（WTO）后，按照《与贸易有关的知识产权协定》（TRIPS）的要求，对地理标志进行保护。地理标志在日常生活中是很常见的，比如我国很多地方都有一些当地非常优质、知名的产品，这些产品都是基于其产地的气候、地理环境等特点赢得声誉或知名度。因此，具有地域特点的以产地名称命名的产品或者包含产地名称的地理标志获得保护后，就成为具有市场价值的商业标志，也就成为知识产权保护的对象。

我国商标法中对于地理标志有明确的保护规定，主要体现在两个方面：一是产地名称或地理标识可以通过申请注册证明商标或者集体商标享有商标专用权保护；二是我国《商标法》第十六条明确规定，如果申请注册的商标中含有商品的地理标志，且商品并不是真正来自该产地，那么这种行为就是不正当行为，会被禁止注册成为商标，并且禁止将地理标志作为商标使用，这也是对地理标志的一种保护。

张伟君提到，在我国除了《商标法》可以对地理标志进行保护之外，还可以利用《反不正当竞争法》对地理标志进行保护。虽然我国《反不正当竞争法》在2017年修订之后，在有关禁止虚假宣传及其他相关的条文中删除了关于禁止伪造产地的规定，但实际上，在司法实践的个案中，依然需要依据《反不正当竞争法》对一些伪造产地、虚假宣传产地的行为进行制止。

针对目前地理标志保护的现状及存在的一些问题，张伟君坦言，在现行体制下，我国对地理标志的保护实际上是采用“多条腿走路”的保护方式。一是通过申请证明商标或集体商标的途径；二是通过国务院机构改革前的质监系统，即现在的国家市场监督管理总局。原质监系统有一套认定地理标志产品的规则，主要目的是通过对地理标志产品的质量监管，来保证其来源的真实和质量的稳定。此外，我国农业农村部还专门对农产品的地理标志产品进行认定。

继 2018 年国务院机构改革后，地理标志相关工作已明确由国家知识产权局统一管理，国家知识产权局也正在加紧开展相关工作。一是 2020 年发布了《地理标志专用标志使用管理办法（试行）》，统一并规范地理标志专用标志使用，二是制定关于地理标志的统一规则。相信不久后，我国地理标志的相关保护规则会更加协调与统一。

嘉宾介绍

——知识产权法学知名专家

张伟君，浙江大学光华法学院教授，浙江大学知识产权与竞争法研究中心副主任；2005 年入选国家知识产权战略专家库成员；2007 年被评为首批百名高层次人才培养人选；2011 年入选国家知识产权专家库专家；2012 年入选全国知识产权领军人才。

访谈视频

扫码观看访谈视频

07

集成电路领域企业知识产权保护

采访时间：2019 年 3 月

编者按

近年来，我国不断加大对集成电路行业的扶持力度，出台了诸多扶持政策，集成电路行业的整体发展水平不断上升，专利申请量逐年递增，权利人通过诉讼来维护自己合法权益的事例也随之增加。海关统计数据显示，2015 年，我国进口集成电路 3139.96 亿件，为此支付的费用高达 2307 亿美元（约 1.5 万亿元人民币），集成电路已逐步成为我国每年进口货值最高的商品之一。

知识产权网特别邀请到北方华创公司知识产权总监宋巧丽女士，请她分享集成电路领域企业知识产权保护相关内容。

采访摘编

各企业知识产权关注点相异

企业对知识产权各领域的关注点是不同的。集成电路行业的知识产权专家——宋巧丽女士在采访中表示，对于高科技企业而言，一个产品从设计到上市，会涉及诸多专利知识，所以更看重专利；对于生产大众消费品的企业来说，商标尤为重要；对于集成电路行业的企业来说，集成电路布图设计是专门为该行业赋予的权利，所以其重要性也就不言而喻。

知识产权渗透至生产经营各环节

提到知识产权对企业的重要性，宋巧丽侃侃而谈，认为知识产权的重要性体现在企业生产经营的方方面面。她首先从研发环节说起。设计一款产品需要很多技术方案，企业可以通过申请专利的方式来对这些技术方案进行保护，如果它们不适合申请专利，还可以用商业秘密的方式对其进行保护。如果产品在研发之初没有做好知识产权保护，待其上市后，可能会遭到竞争对手的模仿，那么该产品在市场上的竞争地位势必会受到影响。

其次，从销售环节来讲，每个产品都有名称，这个名称通常会反映在商标上，如果生产了一款产品却没有注册商标，或者在不知情的情况下使用了别人已注册的商标，这些行为都会对产品上市产生很大的影响。

最后，除研发和销售外，知识产权也影响着采购环节。采访中，宋巧丽举例说明，如果一个外部采购的集成产品因其中一个部件有知识产权方面的问题，就会导致整个产品下架，从而使后续市场的自由度受到限制。

另外，很多企业会忽视商业秘密问题。从管理的角度来看，商业秘密具有高复杂性，因此它对企业尤为重要。对于创意型企业来说，需要关注版权保护以及版权的所有权使用等问题，近几年版权转让费用或使用费用在诉讼方面都有很高的判赔额。

企业在人才引进过程中也会涉及很多知识产权方面的问题，比如，引进的人才在进入公司之前，是否跟原雇主之间存在权属问题？是否签署了竞业禁止协议？是否涉及与原雇主之间的商业秘密从而可能引发诉讼？这些都是企业在人才引进时要考虑到的知识产权问题。

宋巧丽还建议企业在创立之初就要考虑知识产权问题，尽早注册商标，这对未来的品牌运营是一个非常好的策略。另外，在专利领域，由于我国在申请实用新型专利时不需要实质审查，所以她建议企业在申请专利时可以同时申请发明专利和实用新型专利，这样能够更加及时地对企业的知识产权进行保护。

嘉宾介绍

——集成电路领域知识产权专家

宋巧丽，北京北方华创微电子装备有限公司合规副总裁，应用物理专业背景，具有近二十年半导体领域研发和管理经验，作为发明人申请了几十项国内外专利，从零起步创建了北方华创微电子的知识产权和出口管制体系；国家知识产权局专家库专家，中国专利信息领军人才、中国杰出知识产权经理人，北京市知识产权战略委员会专家委员，法盟年度十大优秀法人，同时拥有专利代理人和法律执业资格证。

访谈视频

扫码观看访谈视频

08

人工智能领域著作权归属及案例解析

采访时间：2024 年 9 月

编者按

人工智能技术的发展正深刻地改变着人们的生产生活方式，然而，近几年国内外涉人工智能生成物的著作权侵权纠纷时有发生。

知识产权网特邀中国政法大学教授、博士生导师、中国政法大学知识产权维权援助研究与服务中心主任来小鹏，就“人工智能领域著作权归属及案例解析”这一主题进行深入分析与探讨。

采访摘编

人工智能生成物的著作权归属问题

来小鹏在采访中表示，从学理角度分析这一问题，学者可能会有不同的观点。《中华人民共和国著作权法》第三条规定的“作品，是指文学、艺术和科学领域内具有独创性并能以一定形式表现的智力成果。”按照这一规定，人工智能生成物必须具备四个要件，才能成为《中华人民共和国著作权法》意义上的保护对象。

第一，人工智能生成物必须在《中华人民共和国著作权法》所保护的范畴内，即它必须是文学、艺术、科学、技术、工程领域的。第二，必须有一定的独创性，也叫原创性，即这个成果必须是作者通过自己的脑力劳动独立完成的，而不是剽窃他人的或是把他人作品添头加尾作为自己的成果。独创性是某一个成果能否构成《中华人民共和国著作权法》所保护的对象的非常重要的一个要件。第三，看它能否以一定的形式表现出来，即这一成果是否具有可复制性。如果说客观上可复制，那么它就具有传播性，我们才能称之为“作品”。第四，法律规定作品必须是智力成果，而从法律层面分析，智力成果需要具有智力活动的特征。截至目前，各国法律普遍认可的是只有自然人才能从事智力活动。如果人工智能生成物中具有人的智力活动，至于它是否还有人工智能参与，或者借助了某种工具生成，至少其中有人的某种智力活动。在这种情况下，即使是人工智能生成物，也可能会构成

《中华人民共和国著作权法》意义上的智力成果。虽然在学理上，针对人工智能生成物有不同的观点。但是从现行法律规定来看，只能依照《中华人民共和国著作权法》第三条的规定对人工智能生成物是否为作品进行判断。

通过个案分析人工智能生成物的著作权侵权认定及责任划分

来小鹏介绍了无论是在学理上还是在司法实践中都争议较大的两个案件。

一个案件是北京互联网法院于 2023 年 11 月作出判决的全国首例“AI 文生图”著作权纠纷案。涉案图片《春风送来的温暖》是人工智能生成的，其是否构成《中华人民共和国著作权法》意义上的美术作品，当时争议非常大。主要争议点在于涉案图片是否为人的智力活动成果，尽管它最终是通过机器设备完成的，但是它确实具备了《中华人民共和国著作权法》规定的构成美术作品所需的要件。这一案件最终判决结果是被告赔偿原告五百元并要求被告赔礼道歉。从判决结果来看，虽然涉案图片是人工智能生成的，但是作者确实付出了一定的劳动，从作者的权益来讲，法律给予了保护。

另一个案件是广州互联网法院于 2024 年 2 月作出判决的“AIGC 平台著作权侵权全球第一案”。涉案的所有奥特曼形象都是通过机器设备完成的，这一案件最终判决被告同样构成侵权。这两个案件的生成物尽管都是人工智能生成的，但是自然人在生成的过程中都付出了一定的智力劳动。所以从这一角度看，法院的判决完全符合《中华人民共和国著作权法》第三条的规定。

我国著作权制度如何应对人工智能迅猛发展带来的挑战

人工智能对《中华人民共和国著作权法》，确实提出许多需要从法律层面思考和探讨的问题，而这些问题贯穿于人工智能的全过程。大家知道，人工智能的生成是通过机器设备完成的，但是机器无法自动完成，而是需要人工辅助。在人工智能生成过程中，人工辅助首先要收集语料库，即原始数据，如果没有这些原始数据，人工智能是没有能力进行加工和分析的。在收集语料库的过程中，可能会涉及在先权利的问题。人工智能的收集过程与传统收集有较大差异，并且作品类型较多，可能包含文字、图片，甚至是视听作品。所以，语料库的收集是人工智能生成首先要面临的问题，其间可能会涉及侵害在先权利这一情况。

当完成收集，进行加工分析时，需要用算法规则对数据进行分析处理，因为算法规则会涉及很多法律上的在先权利，所以在设定规则时必须公开透明。但是，目前很多算法规则是不公开、不透明的，这就可能会涉及其他在先权利人的合法权利，这是第二个环节。而人工智能生成的第三个环节是输出端，即大家看到的最终完成的人工智能生成物。

如果说人工智能生成物中有在先权利的作品，在语料库里经过分析加工，即经过算法规则的处理，此举实质是对原作品进行了复制或改编，最终合成人工智能生成物。如果人工智能生成物对在先权利产生侵害，必然会对原作品作者的复制权和改编权构成侵害。所以从这一角度讲，我们必须对人工智能的语料输入、分析加工，也就是算法规则的设定，以及最终输出的成果进行审查，判断是否涉及对在先权利人的侵权。

人工智能生成物还涉及授权的广泛性问题，我们必须在法律制度上设置平衡权利人和整个产业发展的机制。人工智能生成物与产业之间有着密切的关联。所以，对于人工智能生成物，尽管大家从学理上有着不同的看法，并且从我国现行立法来看，也没有对其作出明确的规定，但是来小鹏认为，考虑到和产业发展的关系，应该对人工智能生成物秉持开放包容的态度。在司法实践中，要根据个案，不断地从法律保护的角度对人工智能生成物总结经验。最终，希望尽快对人工智能生成物是否受法律保护以及保护的边界，包括各方权利人的利益以及相关人的责任，在我国立法层面作出明确规定。

嘉宾介绍

——知识产权法学领域资深专家

来小鹏，法学博士，中国政法大学民商经济法学院教授，知识产权法学专业、数据法学专业博士生导师，知识产权法学博士后合作导师，中国政法大学知识产权法国家重点学科共同带头人，中国政法大学知识产权维权援助研究与服务中心主任，中国政法大学全国专利保护重点联系基地负责人，中国政法大学民商经济法学院学术委员会、学位委员会委员。长期从事民法学、知识产权法学以及数据法学的教学与研究工作。独著、主编、参编著作、教材四十余部，发表学术论文百余篇，主持承担国家、省部级以上研究课题五十余项。先后获校、省、部级科研成果奖十余项。1998 年 7 月被中华人民共和国科学技术部和司法部授予“全国知识产权工作先进个人”称号。

访谈视频

扫码观看访谈视频

七、著作权、商业秘密、反不正当竞争与其他知识产权

01

共享单车与知识产权保护

采访时间：2018 年 1 月

编者按

2017 年，北京外国语大学丝绸之路研究院发起了一次留学生民间调查。来自“一带一路”沿线的 20 国青年评选出了中国的“新四大发明”——高铁、网购、支付宝、共享单车。事实上这四样没有一样是中国发明的，但是中国在推广应用方面领先，对国外比较有影响。“新四大发明”可称为“四大技术应用”。“四大技术应用”是近年来中国科技创新的缩影，不仅改变了中国人的生活，也刷新了世界对中国的认识。特别是自 2017 年年初兴起的共享单车，几乎瞬间便风靡了中国几十座大城市，它极大地方便了人们的出行，解决了从公交车站到办公室“最后一公里”的交通问题。

知识产权网采访了中国社会科学院知识产权中心研究员、法学博士周林先生，请他结合共享单车对新技术的应用，以及新技术与知识产权保护等话题，谈谈自己的看法。

采访摘编

共享单车引发的一些思考

2017 年，由外国朋友评选出的中国“新四大发明”之一——共享单车，似乎一夜之间就风靡了中国的几十座大城市。虽然共享单车并不真的是什么新发明，而只是若干信息技术的综合应用而已，但是它却给人们的工作和生活带来了极大的便利。共享单车实实在在地解决了近距离的交通问题。为了见证和纪念这个变化，周林还以共享单车为主题，创作了若干摄影作品并参加相关展览。

周林在采访中表示，在注册和使用共享单车时，必然涉及个人信息。因此，个人信息的搜集、储存及保护问题就变得格外突出。几十万辆甚至上百万辆共享单车的投入使用，用户的电话号码、付款银行、付款方式及出行路线等，都会被共享单车经营者收集起来，用于对车辆的管理及对用户数据的分析。这种对用户个人信息的大范围、广泛地采集、储存及使用，国家应该通过立法加以规范。

周林由共享单车延伸到对知识产权的思考。他表示，过去很长一段时间，自行车一般均属于私人所有，它作为个人交通工具，利用率普遍较低，一般只能在上下班路上使用，大部分时间均为闲置。私人自行车不仅需要定期维修，还避免不了丢失等问题，而现在，共享单车是由经营者来统一管理，一般只收取很少的费用，任何人均可方便地随时随地使用。这是信息技术——互联网、付款码、扫码等技术应用带来的变化。这项信息技术应用是否会给人们带来启发?

在过去很长一段时间里，信息都是自由流动的，没有所谓的保护及权益。一件事只要发生了，一句话只要说出口，可能很快就会传播出去，是难以控制的。那么，一件发明信息，怎样就成为发明人的知识产权呢?信息不是自由流动的吗?它如何被纳入财产制度受到控制?其实，信息本身是控制不了的，可控制的是对信息的利用。信息能够为人所用，这是信息有价值的地方。人们借用有界限、可评估、可转让的财产概念，创设了知识财产制度，目的就是鼓励信息的生产、传播和利用。

周林表示，版权只有在使用时才会有价值。知识财产制度，包括版权制度，是人类社会信息自由流动的终结和革命。自从有了知识财产制度，信息的自由流动就不再是它原有的样子。版权制度的目标就是鼓励信息生产者进行文学艺术创作，赋予信息生产者对其所生产的信息在一定期限内的控制权和使用权。通过这种方式，鼓励信息生产者从信息生产中获得回报。版权是一种财产权利，其中包含了经济权益。这个权益何以体现?教科书说“版权是自动产生的”，这句话没有实际意义，因为“版权是一种诉讼中的权利”，它只有在发生了剽窃行为被起诉到法院时才具有意义。国家就是以这样一种形式来确认版权的存在，以及对作者的权益给予保护的。

信息是自由流动的，这是由信息的本质所决定的。知识财产制度的建立标志着旧的信息自由流动终结了，“信息自由”进入一个新的起点。在这个新的历史节点上，将会有更多好的作品、好的信息产生;知识财产制度的目的不是控制信息、垄断信息，而是鼓励信息自由而有序地流动。

知识财产制度虽然有激励信息生产的一面，然而也有阻碍信息流动的一面。例如版权制度中“先授权后使用”的规则，要求信息使用者尊重版权人，尊重信息财产所有者，这是一种合法的、健康的、有利于信息进一步自由流动的有效措施。但是这种“先授权后使用”等于在原本共享的信息上设定了一个产权制度，信息由公有变成私占。在版权制度下，信息由公变私，在一定期限内作者对其有控制权。它有好的一面也有不好的一面，也就是说，它在一定程度上对信息的传播形成阻碍。特别是在互联网时代，普遍地应用数字化技术，面对海量信息，使用者即使支付了费用，也有可能侵权。“先授权后使用”指的是使用者在使用前须向权利人获得授权，但网络平台是不是权利人，却无从得知。“先授权后使用”制度本身存在一些很难逾越的障碍。

谈到如何解决该难题，周林认为有两种方式。一种方式是北欧国家使用的“延伸集体管理”。延伸集体管理是指集体管理组织对于很多作者无法自己使用的作品，就首次发表之后的再次使用，向作品使用者收取费用，既包括会员的也包括非会员的。另外一种方式是美国斯坦福大学在 2017 年 6 月进行的一个影像作品网上许可项目试验。该试验试图建立一个平台，让海量的作者上传自己的作品、个人联系方式及作品的价格，使用者可以根据需要在这个平台上与作者签订许可协议，满足“先授权后使用”的要求，方便对影像作品的使用。

在传统版权制度里面，“先授权后使用”的问题很难得到很好地解决。针对此种情况，周林老师进行了大胆的设想：是否可以参照共享单车的模式改革现有的版权制度，进一步方便有版权作品的使用？回归“信息自由”？

嘉宾介绍

——研究信息法和艺术法的法律工作者

周林，法学博士，中国社会科学院知识产权中心研究员、中央美术学院艺术法研究中心主任。1989—1994年，在国家版权局工作，主持《著作权》杂志的编辑工作，参与有关版权法立法工作。1994年，调入中国社科院知识产权中心专事研究，曾参与创办中国社会科学院知识产权中心。1995—1996年，应邀担任北京市第二中级人民法院人民陪审员，主审及参与审理了近30起知识产权案件。1996—2000年，担任中国社会科学院知识产权中心副主任。2001—2010年，担任中国社科院法学所知识产权研究室副主任。出版专著《美术家著作权保护》

《艺术法——立法与实务》；合著《通过案例学版权》；主编有《艺术法实用手册》《知识产权案件的审理与裁判》《知识产权研究》（第18—30卷）。译著有《知识财产法哲学》《艺术法概要》；合译《知识财产概要》。

访谈视频

扫码观看访谈视频

02

著作权审判与保护热点问题解读

采访时间：2019 年 2 月

编者按

近年来，伴随着互联网的快速发展以及影视作品市场的繁荣，影视作品的传播愈加广泛。与此同时，侵权盗版案件也时有发生。影视作品的著作权保护问题在知识产权行业内引起了关注。北京市审判业务专家、模范法官冯刚做客知识产权网并接受采访。

采访摘编

影视作品的著作权保护面临哪些问题

谈到影视作品的著作权保护问题，冯刚认为，影视著作权保护的主要领域在于网络。网络传播具有很多新的特点，如传播主体的任意性、传播速度的即时性、传播范围的广泛性、传播节点的不可控性、传播手段的技术进步性和侵权造成的经济损失具有巨额性等。同时，网络传播也出现很多新问题，比如如何认定信息网络传播行为，定时播放、定时转播等行为在《中华人民共和国著作权法》(以下简称《著作权法》)中如何准确定性，合理使用行为在网络中如何准确地界定等，这些都是司法必须解决的重大、疑难问题。

影视作品的著作权保护原则与措施

对于如何做好影视作品的著作权保护，冯刚表示，首先，要坚持权利法定原则，依据《著作权法》来处理相关的纠纷。其次，要坚持利益平衡原则，既要关注著作权人的利益，又要关注使用者和社会公众的利益，达到一种利益平衡。最后，要加强知识产权法治保障贯彻落实。结合网络特点来说，他认为可以利用区块链、时间戳等技术手段及时、有效地保全证据。很多优秀的影视作品，可能是在非工作时间被侵权传播，如果我们仍采取公证处公证的传统取证方式，将无法对这种即时发生的侵权行为进行证据固化。此时，建议权利人通过区块链、时间戳等方式及时监测侵权行为，并将此作为有效证据提交至法院，以有效解决取证滞后的问题。此外，冯刚还提出可以充分利用临时禁令等措施，有效地遏制侵权行为的延续、延展。以电影《流浪地球》为例，其盗版资源在网络上传播后将通过不同的传播途径、在不同的时间节点、反复地扩大侵权范围。如果版权方单纯等待案件审理结束后才进行权利保护，会等待很长时间，市场利益会严重减损。在这种情况下，版权方可以通过申请法院禁止令，在案件审理之初，尽早制止侵权行为在市场上的持续传播，这样不仅会减少侵权行为造成的损失，后续的赔偿也较容易实现。

对于在查明事实的基础上加大损害赔偿数额的问题，冯刚表示，这不仅是司法政策的要求，更是中央政策的部署，习近平总书记多次在相关会议上反复强调加强知识产权保护，提高违法成本等。确定侵权损害赔偿数额主要有以下三个依据：一是加大对侵权行为的惩治力度，提高侵权赔偿数额；二是探索建立惩罚性赔偿制度，对于恶意侵权、情节严重的侵权行为要实施惩罚性赔偿；三是由侵权人承担权利人为制止侵权行为支出的合理开支，提高侵权成本，即取证、聘请律师等费用都要由侵权方来负担。通过上述措施，一部分网络影视作品侵权行为将可以得到有效的打击和遏制。

嘉宾介绍

——知识产权审判业务专家

冯刚，北京知识产权法院审判委员会委员、审判员；审判监督庭庭长；高级二级法官；中国政法大学法学博士；北京大学、中国政法大学校外导师。承办审理了5000余件知识产权案件，其中包括琼瑶诉于正案等多起知名案件，对于规范和引导业界健康有序发展起到了一定的作用。在知识产权及法律专业期刊上发表50余篇学术论文，共计60万字；出版个人专著两部，与他人合著作品3部。荣立个人三等功2次，个人二等功4次，被评为全国法院办案标兵、北京市人民满意的政法干警、北京法院模范法官、北京法院审判业务专家。

访谈视频

扫码观看访谈视频

03

《中华人民共和国著作权法》第三次修正相关问题解读

采访时间：2020 年 11 月

编者按

2020 年 11 月 11 日，第十三届全国人民代表大会常务委员会第二十三次会议通过了关于修改《中华人民共和国著作权法》（以下简称《著作权法》）的决定，修订后的《著作权法》自 2021 年 6 月 1 日起施行。本次修订前后经历三次送审，业界也进行了大量研讨，诸多学者从不同角度提出了修改建议。

《IP 大咖说》栏目组特别邀请国家版权局原巡视员许超，请他就此次《著作权法》修订的相关热点问题与我们展开分享与讨论。

采访摘编

著作权法修订原因及进程

著作权法修订工作于2011年启动，《著作权法》（修订草案送审稿）于2018年提交至全国人大，2019年开始广泛征求修改意见。当提到著作权法修改的原因时，许超表示，一是党的十八大以来，习近平总书记大力提倡创新，积极推动我国法治建设，我国政治、经济、文化、法律、科技等领域发生很大变化。二是科技的发展对专利、商标、著作权影响深刻。科技发展所带来的各种新问题亟须解决。三是著作权法自2010年修改之后在执法中积累了很多问题，需要进一步修改和完善。

著作权法修订涉及的相关制度调整

当谈到此次著作权法修订涉及的调整时，许超提到了一些基础理论问题，如文学、艺术和科学作品的概念。他坦言，著作权法之前没有涉及该问题，但在此次修改中专门给出了答案，“本法所称的作品，是指文学、艺术和科学领域内具有独创性并能以一定形式表现的智力成果”。定义虽然简短，但是文学、艺术和科学作品最主要的共性特征均得以体现。他还提到除传统电影、电视剧外的新媒体所面临的挑战，尤其是在互联网领域，如网络游戏和网播（网上广播、直播等）。对于这些新的商业模式涉及的著作权相关问题，修改后的著作权法也作出了相关规定。此外，通过借鉴专利法、商标法修改的经验，此次著作权法修改加大了著作权侵权的行政处罚力度，法定赔偿额也相应提高。

修法的必然性

许超谈到，此次修法几经酝酿，虽然解决了诸多问题，但依然存在一些具有争议的问题。我国的著作权法于 1990 年颁布；2001 年，我国加入世界贸易组织前进行了第一次修改，且改动幅度较大；2010 年，进行了第二次修改，改动较少；2001 年至 2020 年，这 20 年科技的发展日新月异，与此同时，科技的发展、人民群众生活水平的提高需要一个稳固、安定的法律环境，因此，著作权法的修改势在必行。科学技术的不断发展导致法律的滞后是每个国家都面临的问题，希望今后著作权法修改的频率能提高，法律不断完善，从而更好地跟上科技发展的步伐。

嘉宾介绍

——知识产权法学专家

许超，最高人民法院知识产权司法保护研究中心学术委员会委员，北京仲裁委员会仲裁员，中国人民大学法学院兼职副教授，中国政法大学民商经济法学院、华东政法学院知识产权学院、中南财经政法大学兼职教授，天津知识产权进修学院教授，北京大学法学院法律硕士研究生兼职导师，北京市、上海市、福建省、江苏省高级人民法院知识产权咨询专家。

1983 年入职国家版权局，参与了我国著作权法律、法规的起草和修改工作，历任处长、副司长、巡视员，2011 年退休。

访谈视频

扫码观看访谈视频

04

新著作权法背景下我国文化产业的版权运用与保护

采访时间：2021 年 4 月

编者按

随着我国知识产权战略深入实施，文化领域的知识产权保护和运用机制已经初步建立。2020 年 11 月 11 日，著作权法第三次修改历时十年终于完成，由全国人大常委会表决通过。2021 年 6 月 1 日，新修改的著作权法正式实施。新著作权法背景下，我国文化产业的版权运用与保护现状如何？文化产业版权运用的市场空间与版权保护趋势是怎样的？中国文字著作权协会在助力文化产业发展过程中有哪些举措？

知识产权网特别邀请到中国文字著作权协会总干事张洪波，请他与读者分享新著作权法背景下我国文化产业的版权运用与保护相关内容。

采访摘编

我国文化产业的版权运用与保护现状

张洪波在接受采访时表示，按照世界知识产权组织的分类，文化产业属于版权产业中的重要分支。

在我国，版权作为一种资产和资源，其运用与保护呈现以下特点：第一，围绕落实习近平新时代中国特色社会主义思想，在党中央、国务院的统一部署下，国家高度重视包括版权在内的知识产权保护，不断加强立法、司法、行政监管及社会治理等各方面的知识产权保护力度。第二，近年来，最高人民法院每年都会在“4·26”世界知识产权日举办新闻发布会，发布诸多知识产权重要案件和典型案例。司法机关审理知识产权案件数量的逐年增加，一方面表明知识产权保护的形势比较严峻，另一方面也反映了社会公众、权利人和产业界知识产权意识的增强。在文化产业中，版权对于提升文化产业的价值这一作用越来越被社会各界认可。影视剧、网络视频、卡通、动漫、游戏、畅销书、文创产品的授权开发等，都具有独创的版权内容，作品是原创的或从合法途径获得的授权，包括改编权、出版权、信息网络传播权和复制权等，这对繁荣文化产业发挥了很大作用。第三，根据“一带一路”倡议和“人类命运共同体”理念的构建，文化产业中很多品牌走出国门，走向世界。其中不仅包括电影、电视剧，还有很多戏剧演出、图书、文创产品等，如广东佛山的陶瓷，江苏南通的家纺布、花布，江苏苏州吴江区的丝绸，福建泉州的陶瓷实用艺术作品等，它们的版权保护对促进区域经济发展发挥了巨大作用，并已成为世界知识产权组织向国际推广版权保护、促进经济发展的示范经典案例。

在文化产业发展过程中，版权发挥的作用越来越大。版权的运用和开发使得很多文化产品和服务具有更大的市场价值。这正是版权的魅力所在。

文化产业版权运用的市场空间与版权保护趋势

张洪波表示，广大权利人、权利人组织和产业界的诉求在新著作权法中均有不同程度的体现。例如，作品的定义更加规范："通过作者的创作活动产生的属于文学、艺术或科学领域内的具有独创性并能以一定形式表现的智力成果"。另外还引入了"视听作品"这一概念，影视作品和类电作品现统一改称为"视听作品"，并提出电影、电视剧的版权归制作者所有。除影视剧外，其他视听作品的版权归属可以由当事人自行约定，约定不清的应该归制作者所有。除此之外，新著作权法增加了很多新内容，例如，增加了新闻作品属于职务作品的规定，从而使传统媒体和新媒体的新闻成果保护有章可循，这也将对媒体深度融合发展产生重大影响。最后，这次著作权法修改加大了对侵权盗版行为的惩治力度，提高了侵权违法成本，引入惩罚性赔偿制度。当事人故意侵权且情节严重的，可以依据权利人实际损失、侵权人违法所得、权利使用费的标准，给予 2 ~ 5 倍的惩罚性赔偿，如上述费用都无法计算，判决给予 500 元以上、500 万元以下的法定赔偿。提高法定赔偿额的上限和引入惩罚性赔偿制度，有利于打击侵权盗版行为，同时对可能产生的侵权盗版行为产生巨大的震慑作用。

谈到版权保护的趋势，张洪波表示，习近平总书记一再强调，所有产业发展都要以人民利益为核心，遵循人民至上、以人民为中心的发展思想。国家出台了很多政策以保障媒体融合、知识产权强国建设、社会主义文化强国建设、实施创新驱动发展战略，以及改善营商环境等。未来，权利人、权利人组织及产业界一定会更加重视版权保护，尤其是版权资产的理念会更加深入人心，权利人也会更加重视其权利的维护。

中国文字著作权协会积极助力文化产业发展

中国文字著作权协会（以下简称文著协）作为我国文字作品领域唯一法定的著作权集体管理组织，承担了一项法定职能：负责全国报刊转载和教科书“法定许可”稿酬的收取和转付。张洪波表示，在2020年，文著协收取的文字作品著作权使用费总计2244万元，其中大部分为解决出版界教辅类图书和科普作品授权问题所得。文著协通过庞大的会员作品库、权利人信息库以及获得的相关授权信息，利用自身对出版市场、文化市场的判断，推广会员的作品，并将相关的权利进行授权许可，从而满足文化市场的需求。

另外，针对国际市场，文著协积极践行习近平总书记提出的“文明交流互鉴观”。在“一带一路”倡议的指导下，文著协积极完成了国家新闻出版署布置的中俄互译出版项目，同时文著协还开展正常的版权贸易，推动图书、影视戏剧等作品的引进和输出。文著协通过授权会员作品收取版权费，涉及的行业包括在线教育、网络转载、新闻媒体、电子书、有声书等。

文著协也协助产业一揽子解决授权问题，包括版权法律风险评估、提供解决方案等。文著协具有协调能力强的优势，因此，对于一些已经出现风险的版权纠纷，可以协调解决。针对新形势下文化产业的发展，文著协也做了很多工作，包括中小学生的课本剧授权、协助文创产品授权开发等。近年来，文著协也一直在研究如何协助新闻媒体解决网络转载的版权难题。文著协一直致力于实现服务产业界、让权利人利益最大化的工作理念和服务宗旨，做好权利人和产业界之间的桥梁和纽带。

嘉宾介绍

——著作权领域资深专家

张洪波，中国文字著作权协会常务副会长兼总干事（法定代表人）。

国家社会科学基金项目首席专家，北京印刷学院和浙江传媒学院硕士研究生兼职导师，北京第二外国语学院国际商务专业硕士（MIB）产业导师，国家知识产权专家库专家、国家海外知识产权纠纷应对指导中心专家、中宣部对外文化交流（文化贸易）研究基地研究员、民进中央参政议政特邀研究员。“俄中文学外交翻译奖”评委，“中俄文学作品互译出版项目”中方主协调人。荣获 2009 年“百名有突出贡献的新闻出版专业技术人员”、2011 年“全国知识产权保护最具影响力（十大）人物”称号。

2015 年主持完成的中华全国新闻工作者协会课题成果《新舆论格局背景下新闻界的版权保护》获中央领导同志批示。参与完成国家社会科学基金一般项目三项，参与主持国家社会科学基金重大项目一项。主持完成中宣部（国家版权局）版权课题多项。曾带领团队向谷歌、苹果、百度、中国知网维权。

在《光明日报》《新华文摘》等中央媒体发表文章百余篇，出版图书《新著作权法与热点案例评析——中国版权法治观察》、译作《剧院老鼠的船长梦》（入选深圳读书月“2023 年度十大童书”）、长篇报告文学《创作之伞——中国文字著作权保护纪事》（李燕燕、张洪波，中国作家协会 2023 年度重点作品扶持项目，《新华文摘》转载 4 万字）等。

访谈视频

扫码观看访谈视频

05

企业知识产权司法保护中不正当竞争、垄断和商业秘密的分析

采访时间：2019 年 9 月

编者按

改革开放以来，我国企业的规模日益壮大，科研技术能力在世界经济发展的浪潮中也崭露头角，很多企业走出国门成为世界经济发展中的焦点。在企业的发展过程中，不免存在着竞争甚至垄断的情况，企业的商业秘密更是关系到其生死存亡。如何为自身的发展保驾护航，保护企业利益不受侵害？这是新的历史条件下，各企业都要面临的重要课题。

知识产权网特别邀请华东政法大学教授黄武双，请他来谈谈企业知识产权司法保护中的不正当竞争、垄断和商业秘密。

采访摘编

不正当竞争和垄断之间的关系

竞争是市场经济的基本构成要素，是市场经济活力的源泉。在市场中，鼓励符合国家法律、遵守社会公认商业道德、诚实守信用的企业正当竞争。但是在市场竞争中，为了追求经济利益，一些经营者和其他市场参与者违反公平诚信等原则，违反法律规定，采取不正当的方式进行竞争，如商业诽谤、商业贿赂、侵犯商业秘密、虚假广告等。不正当竞争是对正当竞争行为的违反和侵害，会损害其他经营者的合法权益，扰乱社会经济秩序。垄断的出现会破坏竞争机制，进而影响社会资源优化配置、技术革新和经营者组织效率，损害消费者利益或造成社会公共利益的损失。

黄武双在采访中表示，不正当竞争和垄断之间的关系界限比较清晰。不正当竞争与垄断主要的区别在于垄断是规制自由进出市场的障碍，因其具有强大的控制力，从而导致其他人无法进入该市场；而不正当竞争是指经营者以及其他有关市场参与者采取违反商业道德的手段去争取交易机会或破坏他人的竞争优势，损害消费者和其他经营者的合法权益，导致该市场的竞争秩序被扭曲的行为。

商业秘密在司法保护中存在的难点问题

当谈到我国的商业秘密在司法保护中存在的难点时，黄武双说道："我们对商业秘密还不是很熟悉，因为从中国的立法来看，目前还没有商业秘密保护的单行法，它只是在《反不正当竞争法》中有几处条文，不像专利、商标和版权，均有很完整的法律制度，大家认识起来比较清晰。在司法实践中，由于商业秘密的规则不如其他的法律那么直观、系统，因此起诉权利人的评估也会受到影响，商业秘密的诉讼案件远远少于专利、商标、版权等领域。但在技术层面，客观上来看，商业秘密产生的纠纷并不比专利少。"黄武双还透露，国家现阶段正在制定商业秘密的单行司法解释，待规则统一后，审判将可以预期，法院通过统一标准处理纠纷，大家会更有信心。

黄武双表示，我们现在正处在转型阶段，技术、标识和创意越来越需要相关知识产权法律的保护。他认为，产业的发展离不开知识产权的保护，技术占主导地位的产业就要去研究专利以及技术秘密的保护，而有些创意型产业，与版权及商业秘密有密切的关系。在与具体产业相结合时，一定要发掘每个产业相关的知识产权的相关课题。整体来说，没有知识产权的保护，产业的发展会受到严重阻碍。

嘉宾介绍

——知识产权法学领域资深专家

黄武双，华东政法大学教授、博士生导师；知识产权研究中心主任；最高人民法院知识产权司法保护研究中心研究员；中国法学会知识产权法学研究会副会长、上海市竞争法研究会副会长、上海市市场监管学会副会长。获得首批全国知识产权领军人才、上海市优秀青年法学家、上海市育才奖；担任多个司法、行政机关的咨询专家。担任上海仲裁委员会仲裁员，世界知识产权组织调解中心调解员，上海经贸商事调解中心调解员。我国《反不正当竞争法》修改课题组负责人之一；参与若干司法解释、部门规章制定或修改。

访谈视频

扫码观看访谈视频

06

地理标志保护助力新质生产力发展

采访时间：2024 年 9 月

编者按

地理标志制度建设事关特色产业发展、生态文明建设、历史文化传承以及乡村振兴。中共中央、国务院印发的《知识产权强国建设纲要（2021—2035 年）》明确提出，探索制定地理标志专门法律法规，健全专门保护与商标保护相互协调的统一地理标志保护制度。

知识产权网《IP 大咖说》栏目特别邀请山东大学法学院教授王笑冰，与我们分享“地理标志保护助力新质生产力发展”的相关内容。

采访摘编

我国地理标志保护制度建设的现状

谈到我国地理标志保护制度建设，王笑冰表示，我国目前的现状是有三种制度，体现两种模式。三种制度分别为《中华人民共和国商标法》《地理标志产品保护办法》以及《农产品地理标志管理办法》。《中华人民共和国商标法》把地理标志作为证明商标或集体商标，将其作为标记用来保护，体现的是标记保护模式；《地理标志产品保护办法》和《农产品地理标志管理办法》所实施的是针对产品质量的一种管理模式，所以这三种制度分别体现的是标志保护模式和针对产品质量的管理模式。

我国地理标志保护制度存在的问题

针对我国目前地理标志保护面临的问题，王笑冰表示，主要体现在制度之间存在适用范围的重叠，而这一问题背后体现的是国家不同职权部门之间的职权重叠，甚至是矛盾。

王笑冰坦言，目前我国要进行地理标志统一立法是面临的挑战，而统一立法又面临三个方面的问题，分别是地理标志归谁管、管什么、怎么管。归谁管，就是职权归属问题，目前我国地理标志由国家知识产权局主管，还有农业农村部，那么不同职权部门，由于职权职能不同，管理对象不同，这一问题需要首先予以解决；管什么，是针对不同职权部门根据职权进行分工，管理对象有的是地理标志的标志，有的是地理标志背后的产品，要将管理对象确定好后，才能正确确定统一立法路线，是以标志作为管理对象还是以产品作为管理对象。怎么管，应当采用标记管理，还是对产品质量进行监管，这涉及具体执法操作实施问题，也是我国在立法过程中需要解决的问题和面临的挑战。

加强地理标志保护，助力新质生产力发展

王笑冰介绍，新质生产力是最新提出的重要概念，也是经济发展非常重要的方向。要使地理标志产业发展和新质生产力这一新方向契合起来，要从产品本身入手，抓好产品质量特色，突出鲜明特征，只有把质量抓好，使特色更加鲜明，地方产业才能得到持续发展，地理标志才能真正发挥促进乡村振兴的作用。

我国的地理标志国际交流与合作

王笑冰表示，地理标志的国际交流合作是目前我国对外开展贸易，甚至是作为文化交流载体的一个重要方向。地理标志产品是地方特色产品，各国都将特色产品推向国际市场，此举不存在直接的竞争关系，并且能实现不同国家间的合作共赢。因此，发展地理标志贸易是我国对外开展自由贸易活动实践中非常重要的举措。

王笑冰进一步表示，从目前来看，我国对外开展地理标志合作交

流，主要是通过双边协定的方式来实现的。双边协定可以由缔约双方根据各自的具体利益来设定条款、制定安排。因此，双边协定与多边协定相比具有更好的灵活性，能够更好地满足各国的产业利益诉求。如今，国际政治贸易环境变动剧烈，制定多边协定越来越困难，因此，很多国家都转向了双边协定，这样能更好地实现各自的利益。

王笑冰建言，我国在对外开展双边地理标志合作保护时，要注意有统一的立场和政策取向，同时也要兼顾其他国家，特别是广大发展中国家的具体利益。这样有利于把我国的立场和政策在国际上推广，让更多的国家能够接受，而不应像过去一样，一味地跟随和适应国际贸易环境。

我国地理标志人才的培养

对于人才培养，王笑冰认为，地理标志领域的人才不应仅限于法律方面，而是应培养懂法律的质量技术人才。由于地理标志的确认、监控、检测和保护都涉及对产品质量特色的确认，这方面应由相关产品的专业技术人员来完成。但专业技术人员并不了解地理标志相关的法律规则，这就造成在实践中，技术标准专家不太知晓地理标志法律规则，而研究地理标志的法律人才又不了解产品质量技术的知识。这是目前我国地理标志人才培养所面临的主要问题。

嘉宾介绍

——地理标志关联理论构建领军人物

地理标志本质解析领军人物

王笑冰，山东大学法学院教授，德国马克斯·普朗克知识产权法和竞争法研究所访问学者，参与完成《中国与欧盟地理标志协议谈判的可行性综合研究》，著有《论地理标志的法律保护》等专著3部，在《法学研究》等刊物发表文章十余篇，获教育部高等学校科学研究优秀成果奖（人文社会科学）三等奖、山东省社科优秀成果奖二等奖等奖项，主持完成国家社科基金项目、教育部人文社科青年项目以及商务部、农业农村部、国家知识产权局等多个部委的科研项目。

访谈视频

扫码观看访谈视频

07

依云矿泉水商品特有包装、装潢不正当竞争纠纷案例报道与解析

采访时间：2018 年 7 月

编者按

2018 年 7 月 13 日上午，北京市石景山人民法院（以下简称石景山法院）公开审理法国依云矿泉水有限公司（以下简称法国依云）起诉国内某饮用水生产企业及其销售商擅自使用依云矿泉水商品特有包装、装潢不正当竞争纠纷案件。知识产权网对案件进行了全程报道，并在现场采访了该审判厅厅长易珍春。同时，就本案采访了中央财经大学法学院杜颖对本案进行分析解读。

采访摘编

“依云”矿泉水维权

原告法国依云诉称，依云公司历史悠久，已在中国市场取得极高的知名度和美誉度，依云矿泉水已构成知名商品。且公司为了品牌宣传、区分产品，为依云矿泉水设计了特有包装，明显区别于其他同类商品，具有显著辨识度，并投入了大量的广告。

法国依云代理人称，国内某饮用水生产企业未经依云许可，擅自在其生产、销售和宣传的聪明泉纯净水、冰纯露纯净水商品上使用了与依云矿泉水相近的包装、装潢，并在其主办经营的网站、淘宝网直销店铺、微信公众号中进行推广、销售。销售商亦在其主办经营的商店内，分别销售、展示、推广、宣传带有与依云矿泉水商品特有包装、装潢基本相同或实质性近似的聪明泉纯净水、冰纯露纯净水商品。

法国依云认为，二被告的上述行为易使公众将上述商品相混淆，或误认为二被告与依云公司具有许可使用、关联企业关系等特定联系，违反中国《反不正当竞争法》，故诉至法院，请求判令立即停止使用与依云天然矿泉水特有包装、装潢相同或近似的包装、装潢，并销毁侵犯原告特有包装、装潢的侵权产品。同时，要求二被告在《北京晚报》上就其侵权行为发表书面声明，消除其侵权行为对原告造成的不良影响，声明内容至少保留三个月。另外二被告连带赔偿原告因涉案不正当竞争行为所遭受的经济损失以及原告为制止侵权而支付的律师费、公证费、翻译费、调查取证费共计 50 万元。

知识产权网就此案采访了中央财经大学法学院教授杜颖，她表示，该案需要严格按照法律条文规定的构成要件来判断。在法律构成上，第一个构成要件是主观上是否含有擅自使用，擅自使用即未经授权许可的使用。第二个构成要件是请求保护的商品名称的包装、装潢，该案件主要涉及包装、装潢，它一定是知名商品，这就需要证明依云矿泉水本身是一个知名商品。第三个构成要件是要看依云矿泉水的包装、装潢是否是特有的。所谓“特有”，主要是看这个包装、装潢是不是和依云产生了消费者识别来源的功能，也就是消费者看到标记后会把它和依云的生产来源联系在一起。实际上“特有”本身包含两个要件，要件一是商标显著性的判断，要件二是这种使用后果会导致消费者有发生混淆的可能。因此，要判断该案件是否构成不正当竞争行为，需要从以上几个要件来判断，如判断结果表明都符合，即构成不正当竞争行为。一旦其中某一个要件不构成或不符合，就很难定性为不正当竞争行为。

庭审中，国内某饮用水生产企业代理人辩称：“依云的包装和装潢都是属于惯常包装，采用蓝色盖子，透明瓶身，聪明泉和冰纯露肩上的波浪纹都已经在国内申请了外观设计专利。”“聪明泉和冰纯露瓶身上的山脉图形设计灵感来源于四姑娘山，且商品名称与依云矿泉水商品名称明显不同，易识别。”

二被告均认为依云矿泉水商品没有在国内某饮用水生产企业所在地及周边省会城市宣传销售，且其销售主要针对高端人群，从市场占有率和大众的认知程度来讲，在国内不构成“知名商品”，且依云公司在该案中主张的经济损失无依据。

截至 2018 年 7 月 13 日庭审结束，原被告双方未就本案当庭协商解决。7 月 24 日，石景山法院作出一审判决：一、被告河北蒲公英食品有限公司于本判决生效后立即停止使用蒲公英聪明泉饮用纯净水及蒲公英冰纯露饮用纯净水商品包装的涉案不正当竞争行为。二、被告河北蒲公英食品有限公司于本判决生效之日起十日内在《北京晚报》刊登声明，消除因涉案擅自使用知名商品特有装潢的不正当竞争行为。

“知名商品”在法律上如何认定

作为该案的审判长，时任石景山法院知识产权审判庭副庭长刘岭在接受采访时表示，该案的争议焦点主要有七个方面。第一，原、被告双方是否具有市场竞争关系，即原告是否可以作为本案适格的主体；第二，原告在本案中所主张的涉案依云矿泉水商品本身是否能够构成“知名商品”；第三，“知名商品”的包装、装潢是否构成特有的包装、装潢；第四，原、被告各自的涉案商品的包装、装潢是否存在相同或者是构成近似；第五，原、被告各自的涉案商品在中国市场是否会造成相关公众的混淆和误认；第六，本案的两个被告是否共同擅自使用涉案的知名商品的包装、装潢；第七，二被告是否构成侵权以及承担侵权责任和赔偿责任。

关于“知名商品”在法律上如何认定，刘岭介绍，根据《最高人民法院关于审理不正当竞争民事案件应用法律若干问题的解释》（法释〔2007〕2 号）的相关规定，认定知名商品需要考虑以下因素：商品在中国境内销售的时间、地域、金额、对象以及商品持续宣传的时间、渠道、程度、地域范围，并且要结合商品作为知名商品受到保护的情况来综合予以认定。以上考量因素、举证责任要由原告（权利人）来负责举证。

涉知名品牌知产侵权案件新特点新情况

在随后召开的“涉知名品牌知产侵权案件新特点新情况新闻通报会”上，时任石景山法院知识产权庭庭长易珍春接受了知识产权网采访，她说道，石景山法院自 2009 年设立知识产权庭以来，收案量逐年上升。2017 年全年受理各类知识产权案件达 1300 件，平均每年增长 20%，属于法院受理的案件中增长速度较快的一类。石景山法院在知识产权保护方面加大力度作出亮点工作：一是在 2012 年推出了“智护石景山”的创新工作机制，将法院受理的知识产权案件中涉及网游、动漫、商务、金融、影视作品等类的作品纳入保护范围中，对驻石景山科技园区企业开展司法保护。二是在“智护石景山”工作机制下又创设了定制化司法服务。易珍春称，除了“智护石景山”和推出的定制化司法服务以外，石景山法院还在审判中注意加大了司法保护力度、司法宣传力度。

访谈视频

扫码观看访谈视频

08

奥运会知识产权保护

采访时间：2020 年 11 月

编者按

《知识产权鼎谈》是《IP 大咖说》的一档衍生节目，由国家知识产权局知识产权发展研究中心与知识产权网共同策划。节目改变以往一对一的问答模式。邀请多位行业顶级专家，通过主持人的穿针引线，多视角深度解读当下最新最热知识产权事件。在思想的交流和观点的碰撞中厘清思路，实现高价值内容传播。

2019 年世界知识产权日的主题为：“奋力夺金：知识产权和

体育”。体育中蕴含的“卓越、尊重和公平竞争”理念吸引着来自全球的观众。如今，由于广播和通信技术的进步，任何人，无论身处何方，足不出户就能全天候欣赏体育赛事，追踪最喜爱的运动员和运动队的表现。

作为《知识产权鼎谈》的首期节目，我们以“奥运会知识产权保护”作为主题，特别邀请了 3 位专家来到演播室，共话知识产权和体育的不解之缘。

采访摘编

主持人：顾昕

国家知识产权局知识产权发展研究中心首席研究员

作为《知识产权鼎谈》栏目的联合策划人兼首期节目的特邀主持人，顾昕从“奥林匹克知识产权保护特别立法及实施效果”“奥林匹克标志保护中的‘隐性营销’问题”“奥林匹克标志的恶意抢注问题”“体育赛事转播的保护问题”“对奥林匹克知识产权保护相关各方的建议”五个环节，与嘉宾展开主题讨论。

刘岩

曾任国家体育总局政策法规司司长，

北京奥组委法律事务部副部长

刘岩全程参与了北京 2008 年奥运会的申办、筹办、举办及善后各个环节。关于“奥林匹克知识产权保护立法及其实施效果”，他谈道，我国奥林匹克立法工作，既有国际奥委会的要求，也有中国政府作为东道主政府和北京作为申办城市作出的国际承诺。另外，在知识产权保护方面我国的法律法规还略有差距，所以我们需要为此立法。这些都是成功举办奥运会的实际需要。

早在 2001 年，北京申办奥运会成功之初，北京市很快就发布了政府规章《北京市奥林匹克知识产权保护规定》。这既是国内创举，也为后来国务院制定《奥林匹克标志保护条例》（以下简称《奥标条例》）进行了理论探索、实践准备，并积累了经验。《奥标条例》于 2002 年公布，到 21 世纪的第二个十年，我国法律法规上有了新规制，改革开放也有了新举措，申办冬奥会也有了许多新形势，国际奥委会也提出一些新要求，知识产权领域的侵权现象也有一些新动态，在这种背景下，需要对《奥标条例》进行修订。修订后的《奥标条例》自 2018 年 7 月 31 日起施行，受到了社会各界的充分肯定，国际体育组织、国际奥委会对此也给予了好评。

谢甄珂

北京知识产权法院审判第四庭副庭长，

时任北京市高级人民法院知识产权庭

副庭长

谈到体育赛事著作权保护的问题，谢甄珂认为，体育赛事的转播通常分为两种形式，一种是直播，另一种是录播。目前，不管是司法界还是学术界，对于体育赛事直播画面的著作权保护问题，争议都非常大。主要集中在以下几点：关于体育赛事的直播，涉及2001年《中华人民共和国著作权法》中一个非常基础的问题，即作品的认定及作品和制品的区分问题。所以，我们在解决体育赛事直播画面的著作权保护问题时，第一是要结合我国《中华人民共和国著作权法》(2010年)的相关规定，第二就是要切实了解体育赛事直播过程是怎样的。这对于我们更准确地判断它是否构成《中华人民共和国著作权法》(2010年)规定的电影和类电作品有很大的帮助。还有一点是在《中华人民共和国著作权法》(2010年)的框架下，我们要区分它到底是作品还是制品。严格来说，对于视听类作品，主要是判断其有无独创性。

而关于体育赛事的转播，则会涉及《中华人民共和国著作权法》(2010年)规定的财产权权属问题。目前，我们将广播权只界定在无线的状态，其次对于广播组织，我们又通常定义为广播电台和电视台。因此，如果是网络媒体对体育赛事的画面进行转播，就会涉及究竟是侵犯了作品的广播权，还是侵犯了广播组织者的权利的问题。依照

《中华人民共和国著作权法》(2010 年)的相关规定，在认定上还是存在较大争议的。

杜颖

中央财经大学法学院教授，

中央财经大学知识产权研究中心主任

除了《奥标条例》所提供的奥运标志保护之外，《中华人民共和国商标法》及《中华人民共和国反不正当竞争法》也对奥运标志给予了不同程度的保护。杜颖教授认为二者保护的区别主要有以下三点。

第一，体现在标志类型方面。相较于《中华人民共和国商标法》而言，《奥标条例》中的标志范围更加广泛。除了一般意义上的标志，还有像会歌、口号这样的广义标志。

第二，体现在主体方面。《奥标条例》的权利主体比较特殊。既有国际层面的，也有中国层面的，国际奥委会、北京奥组委，甚至奥申委都在权利主体的范围内。奥林匹克标志特殊保护的保护期是 10 年，与此同时，在奥运会结束当年的 12 月 31 日前，主办国国家奥委会、奥组委要将本届奥运会相关徽记权益无偿转让给国际奥委会。

第三，体现在权利保护范围层面。《奥标条例》里标志的权利保护范围超出了《中华人民共和国商标法》第五十七条所规范的层面。例如在列举具体侵权类型或侵权行为类型时，《奥标条例》特别规定了进口、出口各个环节都在保护范围内，规定禁止未经授权贴附标志的商品出口。

所以我们不能把奥林匹克标志保护传统地理解为《中华人民共和国商标法》意义上的标志保护，确实有其特殊性存在。

访谈视频

扫码观看访谈视频